길 위에서 **하나님과 마주치다**

by Searching

길 위에서 하나님과 마주치다

이소벨 쿤 지음 | 김애정 옮김

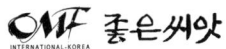

BY SEARCHING by Isobel Kuhn

Originally published in English under the title
By Searching
Copyright ⓒ 1959 China Inland Mission
(Now known as the OMF)

길 위에서 하나님과 마주치다

초판 1쇄 인쇄 | 2012년 8월 13일
초판 1쇄 발행 | 2012년 8월 22일
지은이 | 이소벨 쿤
옮긴이 | 김애정
펴낸이 | 신은철
펴낸곳 | 좋은씨앗
출판등록 | 제4-385호(1999. 12. 21)
주소 | (137-886) 서울시 서초구 양재동 2-30번지 덕성빌딩 4층
편집부 | 전화 (02)2057-3043
영업부 | 전화 (02)2057-3041   팩스 (02)2057-3042
www.gsbooks.org

ISBN 978-89-5874-191-6 03230   Printed in Korea

하나님의 깊은 뜻을
다 알 수 있을까?

너희가 나를 찾으면, 나를 만날 것이다.
너희가 온전한 마음으로 나를 찾기만 하면(렘 29:13)

예수께서 대답하셨다. "내가 곧 길이요 진리요 생명이다.
나로 말미암지 않고서는, 아무도 아버지께로 올 사람이 없다(요 14:6)

너희가 성경을 연구하는 것은… 성경은 나를 증언하고 있다(요 5:39)

하나님의 뜻을 따르려는 사람은 누구든지
이 가르침이 하나님께로부터 난 것인지,
내 마음대로 말하는 것인지를 알 것이다(요 7:17)

길 위에서
하나님과
마주치다

차례

1. 안개 낀 평지에 서다　8
2. 어둡고 미끄러운 길　16
3. 따라해선 안 되는 일들　24
4. 아라비아 사막에서　38
5. 구두 한 켤레와 퍼스수양회　56
6. 안녕, 시시한 불빛들　66
7. 리수랜드와 프레이저 선교사　87
8. 무디성경학교　101
9. 영적 예지력　121
10. 여러 부분, 여러 모양으로　136
11. 졸업과 CIM 후보생　165
12. 밴쿠버 여성 코너클럽　182
13. 완전한 데로 나아갑시다　216

1
안개 낀 평지에 서다

::
길은 모든 사람에게 열려 있습니다.
여러 길들과 한 길이.
지고한 영혼은 높은 길로 오르고
저급한 영혼은 낮은 길을 더듬습니다.
그 사이 안개 자욱한 평지에선
나머지 영혼들이 이리저리 헤매 다닙니다.
그러나 높은 길과 낮은 길은
누구에게나 열려 있습니다.
영혼들은 각기 제 갈 길을 정합니다.
– 존 옥슨햄(John Oxenham)

"요즘 같은 시대에도 창세기의 신화를 믿는 사람은 설마 없겠지. 게다가…"

강의를 하던 세지윅 박사가 무슨 생각이 떠올랐는지 잠시 말을 멈추었다. 순간 눈이 반짝이더니 이렇게 말했다.

"음, 그렇게 단정 짓기 전에 한번 알아보고 가는 게 낫겠군."

무슨 말이 나올까 궁금해 하는 많은 신입생들을 바라보며 박사는 물었다.

"천국과 지옥이 있다고 믿는 사람이 여기에 있나? 창세기의 이야기가 사실이라고 믿는 사람이 있다면 손 들어보게."

박사는 대답을 기다렸다.

나는 용기를 내어 번쩍 손을 들었다. 그러고 나서 나와 입장을 같이하는 친구가 있는지 둘러보았다. 학생이 100명 가까이나 있었지만, 그 큰 교실에 나 말고 다른 한 친구의 손만 올라가 있었다. 세지윅 박사는 우리가 당황해 하는 모습에 안 됐다는 듯한 표정을 지었다.

"자네들 부모님이 말씀하셔서서 그렇게 믿는가 보군" 하고 위로하듯 말했다. 그런 다음 요즘 같은 문명시대에 지식인 치고 성경을 그대로 믿는 사람은 더 이상 없다고 결론 짓고는 강의를 이어갔다.

나의 할아버지는 장로교 목사였고 아버지는 열성적인 평신도 설교자였다. 신실한 장로교 집안에서 자란 나는 대학에 들어가기에 앞서, 오늘날 팽배한 모더니즘 사상에 어떻게 맞설지 꼼꼼하게 지도를 받아야 했다. 위의 경우가 모더니즘과 근본주의의 충돌에 대해 토론하는 자리였다면 나는 그렇게 큰 충격을 받지 않았을 것이다. 그러나 내 신앙을 누군가가 그런 식으로 대할 줄은 몰랐다. 그저 동정어린 비웃음만 있었을 뿐 논쟁은 없었다. 그것은 실로 큰 충격이 아닐 수 없었다.

"자네들 부모님이 말씀하셔서 그렇게 믿는가 보군."

오늘날 스스로 사고할 줄 알고 과학적인 태도로 학문에 임하는 사람들 중에 누가 그런 케케묵은 이야기를 믿겠는가 하는 생각들뿐이었다.

수업을 마치고 집으로 돌아오는 길에 솔직한 심정으로 나 자신을 돌아보았다.

나는 왜 성경을 믿는 걸까? 창세기는 정말 생명의 기원에 대해 설명하고 있는 걸까? 왜 나는 천국과 지옥을 믿는 걸까?

내가 그렇게 믿는 것은 철들 무렵부터 부모님과 교회로부터 그렇게 배웠기 때문이다. 그런데 그것이 충분한 이유가 될 수 있을까? 앞으로 살아갈 내 인생을 그런 미덥지 않은 기반 위에 세워갈 수 있을까? 그 점에서는 나와 세지윅 박사의 생각이 같았다.

하지만 지난 세월을 돌이켜보면, 우리 가족은 기도하는 가운데 놀라운 응답을 체험하지 않았는가! 그게 바로 하나님이 계시다는 증거가 아닐까? 하지만 심리학 시간에 배운 바로는 정신이 물질을 지배한다고 했다. 내가 어수룩하지 않았더라면 그 자연스러운 설명을 듣고 이해할 수 있었을 텐데.

우리가 살고 있는 20세기는 실험과 증거가 있어야만 믿는 시대다. 매사에 과학적으로 연구하고 조사한 것만 인정하지 조상 대대로 물려받았다는 이유만으로 그들의 신념을 받아들이지는 않는다.

영어학과 교수인 세지윅 박사는 매튜 아놀드의 '아름다움과 지성의 조화' 철학과 토마스 하디의 유물론을 열렬히 지지하는 학자였다. 그럼에도 우리처럼 부모에게 교육받은 대로 해묵은 사고에 갇혀 있는 답답한(?) 학생들에게도 깊이 인내하며 친절히 대해 주었기 때문에 다들 그를 좋아하며 존경했다.

집에 다 왔을 무렵, 나는 앞으론 내가 직접 증명하지 못하는 인생의 어떤 이론도 받아들이지 않겠다는 결론을 내렸다. 그런 태도가 나를 어디로 이끌지 당시로선 전혀 알 길이 없었다.

그렇게 나는 알지 못하는 사이에 하나님을 바라보며 높으신 이의 더 없이 맑고 향기로운 부르심을 따라가는 높은 길에서 벗어나 안개 자욱한 평지로 들어섰다. 대단히 선하지도, 대단히 악하지도 않게 어중간한 그곳에서 사람들은 뿌연 안개 속을 헤매 다니며 '선악이란 원래 구별하기 애매한 것'이라는 말로 서로를 위로한다. 그곳에서 인생의 목적은 오로지 재미있게 사는 데 있다. 그러기에 사람들은 이른바 '관용'이라고 부르는 일종의 평화 조약을 지키며 상호관계를 유지한다.

처음엔 내가 안개 자욱한 평지로 내려섰는지 몰랐다. 그저 오랫동안 지켜온 의무로부터 갑자기 자유로워졌음을 느꼈을 뿐이다. 하나님이 안 계시는데 뭐 하러 귀찮게 주일마다 교회에 가겠는가? 평일에 밤마다 춤추고 놀아서 피곤한데 일요일에 밀린 잠이나 실컷 잔들 누가 뭐라고 하겠는가 말이다. 성경이 단순히 신화와 해묵은 생각들을 기록한 것이라면 뭐 하러 그것을 매일 아침마다 읽겠는가? 시간은 좀 걸리는가 말이다. 차라리 1교시 수업에 늦지 않을 정도로 늦잠을 자는 편이 훨씬 낫지. 기도만 해도 그렇다. 존재하지 않을지도 모르는 누군가에게 얘기한다는 것 자체가 바보 같은 짓이 아닌가.

그렇다고 내가 무신론자를 자처하고 나선 것은 아니었다. 어린 시절에 나는 기도 응답을 받은 적이 있었다. 그럼에도 내가 불가지론자라는 것만큼은 확실했다. 솔직히 말해서, 하나님이 계신지 안 계신지 도무지 알 수 없었다. 사실 사람들이 안개 낀 평지를 헤매고 다니는 게 새삼스러운 일도 아니고, 오히려 낡은 신념과 신앙에 의문을 제기해야 현대인이자 지성인으로 존경을 받는 게 이 시대의 분위기가 아닌가. 그런 게 방황이라면, 그것은 너무도 즐거운 방황이었다. 적어도 한동안은 그랬다.

그래도 어릴 적부터 받아온 가정교육이 몸에 배어 있기는 했다. 예수의 신성을 부정하는 안개 속에서 그리스도는 흐릿하게 멀어졌지만 그가 역사적인 인물이라는 사실은 여전히 인정했다. 게다가 그 이름은 여전히 내게 향유처럼 다가왔다. 문득 발

길을 멈추고 고개를 들어 아쉬운 마음으로 들이마시는 향내 같았다. 그 이름은 내게 가장 달콤한 멜로디였고, 이제는 더 이상 찾지 않기로 했음에도 불구하고 언제나 내 마음에 잔잔한 물결을 일으켰다. 예수의 순결함과 거룩함을 기억하며 나는 여전히 더러운 일들을 멀리했다. 이 모두가 부모님이 내게 그렇게 가르쳐 주셨기 때문이다.

그래선지 종교적인 옛 습관을 벗어던지고 세상에 빠져 살 때에도 여전히 삼가는 일들이 많았다. 담배는 절대 피지 않았다. 흡연자가 풍기는 퀴퀴한 냄새와 얼룩진 손가락이나 누런 치아가 역겹게 느껴졌다. 그런 일을 하기엔 나는 조신한 여자라고 자부했다.

술도 입에 대지 않았다. 대학에 들어가면서 모든 집안 교육에 냉담하게 등 돌린 딸에게 상심한 아버지는 그래도 의사로서 술이 젊은 여성에게 끼칠 수 있는 해악에 대해 경고하셨다.

"남자나 여자나 술에 생물학적으로 영향을 받는단다. 술에 취한 어린 여자들은 정신이 멀쩡할 때는 절대 넘어가지 않을 죄에 빠지기 쉽단다. 나한테도 그런 상담을 받으러 온 여자들이 늘 있지. 다들 처음에는 그럴 마음이 아니었다고 하더구나. 어쩌다보니 그렇게 됐다는 거지. 부디 술을 멀리하기 바란다. 그래야 네 자신을 순결하게 지킬 수 있단다."

그래서 나는 술을 한 방울도 마시지 않았다. 게다가 열두 살

때 서원한 게 있는데, 유년 시절에 대한 다소 엉뚱한 충실함 덕분에 그 서약을 깨뜨리지 않을 수 있었다.

'좀 논다'는 대학 친구들은 나를 '모범생', 심지어 크리스천이라고 생각했다. 하지만 내가 그렇지 않다는 사실은 누구보다 내가 잘 알고 있었다.

나는 영어영문학과를 전공하고 아너스 과정 Honor's Course 을 듣느라 세지윅 박사의 영향을 상당히 받았다. 동아리 활동으로는 대학 아마추어 연극 모임인 플레이어 클럽에 관심이 많았다. 코미디 연기 실력을 인정받아 신입생 때, 1학년 학생은 거의 받기 힘들다는 플레이어 클럽의 평생회원 자격을 얻었다. 연극 동아리 지도 교사는 영어과의 H. G. C. 우드 교수였다. 그는 세지윅 박사와 같은 무신론자가 아니었다. 하나님과 예수님을 믿었다. 우드 교수와 교분을 나눈 덕분에 나는 한쪽으로 지나치게 치우치지 않을 수 있었다. 연극은 우드 교수의 취미이자 곧 내 취미가 되었다.

엄마는 내게 YWCA에 나가라고 다그치셨다. 그곳에는 몇 차례 가보았지만 솔직히 따분해서 더 다니고 싶지 않았다. 그보다는 연극이 좋고 춤추는 게 즐거워서 시간이 날 때마다 그런 활동을 하러 다녔다. 1922년 대학 연보에 실린 내 사진 옆에는 이런 설명이 달려 있었다.

"춤출 때마다 꺾일 듯한 그녀의 하이힐!"

당시 내 모습에서 누군들 선교사의 '선' 자라도 떠올릴 수 있었겠는가!

2학년 때 나는 학생위원회의 총무로 선출되었다. 당시에 총무직은 여학생이 선출될 수 있는 제일 높은 자리였다. 나는 내로라하는 대학생들과 사귀었고, 럭비와 농구 스타 선수인 벤과 비밀 약혼까지 하게 되었다.

벤은 1차 세계대전에 참전했다가 돌아온 복학생으로 나보다 너덧 살은 많았다. 썩 잘생기지는 않았지만 190센티로 키가 훤칠했다. 모범적인 침례교 집안에서 자랐다고 하니 엄마는 내가 벤과 사귀는 것을 반기는 눈치였다. 벤은 주일 밤이면 나를 자기 교회로 데려갔는데, 그것은 주머니 사정이 넉넉지 않은 학생들이 돈 들이지 않고 데이트하기 좋은 방법이었다.

벤은 내게 청혼하면서 졸업 전까지는 약혼한 사실을 비밀로 하자고 신신당부했다. 자신이 참전한 것에 대해 '노인네'의 화가 풀릴 때까지 기다리자는 것이었다. 나는 우리 부모님에게는 약혼 사실을 말씀드려야 한다고 우겼지만, 결국 벤의 부모님에게는 아무 말도 하지 못했다. 나는 벤과 2년 가까이 어울려 다녔고, 그러면서 확실히 내리막길을 걷게 되었다.

2

어둡고
미끄러운
길

::
그러므로 그들의 길이 그들에게 어두운 가운데
미끄러운 곳과 같이 되고 그들이 밀어냄을 당하여
그 길에 엎드러질 것이라 그들을 벌하는 해에 내가
그들에게 재앙을 내리리라 여호와의 말씀이니라(렘 23:12).

근육이 땅기는 것을 느끼며 힘들게 산을 오르다 평평한 곳에 서면 아주 편안하고 상쾌한 기분이 든다. 안개 낀 평지에 들어선 느낌이 바로 그랬다. 힘들던 다리 근육이 풀리고 눈이 편안해지며 모든 게 입맛에 딱 들어맞는 기분이다. 희뿌연 안개가 점점 짙어지다가 결국에는 어둠으로 이어진다는 생각은 전혀 들지 않는다. 북적북적한 그 길 어딘가에 미끄러운 데가 있어 넘어지면 다치고 말 것이라는 일말의 암시도 없다. 안개 속에서 사람들은 저마다 의기양양하게, 제멋대로, 자유롭게 다니는 것 같지만 사실은 이리저리 밀려다니고 있는 것임을 아무도 모른다. 일찍이 예레미야는 이러한 사실을 예리하게 간파했지만 말이다. 무엇보다 그 평지의 끝에 주님의 초대와 죄의 심판이 기다리고 있다는 기미를 아무데서도 찾아볼 수 없다는 게 문제다. 하지만 이 모든 것은 엄연히 존재하는 사실이다.

대학 2학년 때, 코라라는 친구가 내게 해준 말 한 마디에 나의 존재는 뿌리째 흔들리고 말았다.
"이소벨, 들으면 속상할지 몰라도 네게 꼭 해줄 말이 있어. 벤이 바람피고 있다는 소문이 쫙 퍼졌더라. 너만 빼고 모두가 알고 있어. 벤이 너 몰래 레바와 사귀고 있대."

나는 멍하니 코라를 쳐다보았고, 코라는 안 됐다는 듯 눈물을 글썽거리고 있었다. 그래도 코라는 참된 친구로서 도리를 다하기 위해 계속 이야기했다.
"예전에 네가 아파서 벤의 동아리 댄스파티에 가지 못했던 거 기억나니?"
"응, 그날 밤 레바가 나와 함께 있다가 나 대신에 벤을 따라나섰어. 그래도 되겠느냐고 묻길래 그러라고 했어."
"그게 화근이었어. 그 둘이 같이 다니는 것을 본 사람들이 많아. 죄다 알고 있는데 너만 모르고 있다는 건 말이 안 돼. 벤, 나쁜 놈. 속상해 하지마. 벤은 그럴 가치도 없는 남자야."

코라는 진심으로 말했다.

하지만 정작 그런 말을 듣는 게 속상했다. 인정하고 싶지는 않았지만 벤이 최근에 내게 소홀해진 느낌을 받기는 했다. 그 점은 아버지도 걱정하고 계신 바였다.

"애야, 벤이 너를 너무 쉽게 생각하는 거 아니니?"

아버지는 혹시 막내딸의 자존심을 건드리는 건 아닐까 조심스럽게 말씀하셨다.

"결혼한 후에 네 모든 사랑을 남자에 쏟아 부어도 늦지 않단다. 그전까지는 소중하게 간직하고 있으렴. 남자란 기본적으로 짝을 쟁취하는 것을 좋아하지. 버스가 이미 와서 서 있는데 뭐하려고 잡으러 쫓아가겠니?"

그러고 보면 벤의 잘못만도 아니었다. 나는 사랑에 경험이 없는 풋내기 십대에 불과했다. 결혼 약속만 철석같이 믿고 벤에게 마음을 다 주었던 것이다. '사랑은 내 쪽에서 하면 돼', '내가 더 노력하면 벤이 다시 돌아올 거야'라고 생각하며 괴로움에 몸부림쳤다. 그러나 이 모든 노력을 부질없게 만든 것은 다름 아닌 벤이었다.

어느 날 아침, 교문 앞에서 그를 만났다. 마침 주위에 아무도 없어서 "어떻게 나 몰래 레바와 사귈 수 있느냐"라고 따지듯 물었다. 사랑에 눈이 먼 나는 소문을 믿지 않았기 때문에 벤에게 직접 자초지종을 듣고 싶었다. 키가 훤칠한 벤은 내게 다가오더니 차가운 미소를 흘리며 이렇게 말했다.

"순진한 거니 바보인 거니? 너 설마 내가 결혼 후에 여자관계를 싹 끊을 거라고 생각한 것은 아니겠지?"

아, 그때 벤의 그 표정을 잊을 수 있을까?

"그렇다면 우리 헤어지자."

나는 쉰 목소리를 간신히 뱉어냈다. 눈앞이 아득했다. 경황없이 수업을 마치고 집으로 돌아오는 내내 가슴이 찢어지는 것만 같았다.

기본적으로 그런 생각을 가지고 있는 남자와는 절대로 결혼할 수 없었다. 바로 그것이 문제였다. 그런 게 바로 안개 자욱한 평지의 기준이었다. 그러나 이미 그리스도를 알고 있는 나로선 그분이 보여주신 이상형보다 못한 기준에 만족할 수 없었다.

그렇게 나는 어둡고 미끄러운 지점에서 넘어지고 말았다. 자존심이 상했고 소중한 사랑에 상처를 입었다. 도무지 잠이 오지 않았다. 전공과목을 제대로 이수하기 위해선 공부할 게 산더미 같아서 밤에 잠을 푹 자두어야 했지만 잠이 오지 않았다.

어머니도 내가 벤과 헤어진 사실을 알고는 괴로워하며 같은 말만 연거푸 하셨다.

"내 말만 들었어도…."

하지만 나는 그 일에 대해선 아무와도 얘기하고 싶지 않았다. 밤낮으로 나 혼자 그 문제를 가지고 끙끙댔다. 그 와중에 아버지가 내게 가장 큰 위로가 되어 주셨다. 아버지는 다 알고 계셨지만 아무 말 없이 그저 사랑으로 감싸 주셨다. 내가 불면증에 시달리고 있다는 것도 눈치 채셨다. 온 식구가 잠들어 있고 나는 여전히 뒤척거리고 있던 어느 날 밤, 아버지가 조용히 내 방에 들어오시는 소리를 들었다. 아버지는 내 침대 옆에 무릎을 꿇고 앉아서 하나님께 도움을 구하는 기도를 하셨지만, 나는 짜증만 날 뿐이었다.

"고마워요, 아빠." 나는 힘없이 말했다. "아빠가 좋은 뜻에서 기도하시는 것은 알겠지만 그 소리가 과연 천장을 뚫고 하늘로 올라갈까요? 그건 아빠도 아시잖아요."

아버지는 나의 불가지론에 깊은 한숨을 쉬며 밖으로 나가셨다. 그 한숨 소리는 아직도 내 가슴에 남아 있다.

고통의 절정은 크리스마스를 앞두고 찾아왔다. 당시 내 생일은 12월 17일이고, 스무 살을 코앞에 두고 있었지만 그 일이 생일 전에 일어났는지 후에 일어났는지는 기억나지 않는다. 큰 거리 우체국 시계가 새벽 두 시를 치던 그때까지 나는 잠들지 못하고 몸을 뒤척거리고 있었다. 절박했다. 지금 자두지 않으면 아침에 컨디션이 좋지 않을 게 뻔했다.

그때 유혹하는 사탄이 찾아와 내게 속삭였다.

"산다는 게 다 무슨 소용이야. 벤은 그저 보통 남자일 뿐이야. 세상의 모든 남자들이 다 그래. 네가 원하는 방식으로 너를 사랑해줄 사람은 아무데도 없어. 눈이 너무 높군. 그저 그런 결혼 생활로는 만족할 수 없다는 거 아니야. 그럼 무슨 미련이 남아 목숨을 부지하고 있는 거야? 살아갈 이유라도 있어? 고통스럽기만 하잖아. 세상을 살짝 떠나기엔 지금이 좋겠어. 욕실에 '독약'이라고 쓰인 병이 있거든. 한번 죽 들이켜. 금세 괴로움과 안녕할 수 있어."

'그래, 그게 좋겠어. 왜 진즉에 생각하지 못했지.'

나는 침대에서 벌떡 일어나 욕실로 향했다.

길이 그들에게 어두운 가운데 미끄러운 곳과 같이 되고 그들이 밀어냄을 당하여 그 길에 엎드러질 것이라. 렘 23:12

욕실 손잡이에 손을 갖다 댔을 때 어두운 침묵을 가르며 깊은 한숨 소리가 두 번 연속 들려왔다. 아버지가 옆방에서 주무시면서 내는 소리였다. 소리의 주인공이 아버지인 것을 알았기 때문에 겁나지는 않았지만, 순간 아버지의 얼굴이 떠오르며 손잡이를 잡은 채 생각에 잠겼다.

'자살하면 아빠는 내가 지옥에 떨어졌을 것이라고 생각하시겠지. 그렇다고 해서 없던 지옥이 생기는 것은 아니지만 아빠가 그렇게 생각하면서 괴로워하시는 것은 참을 수 없어. 내게 얼마나 소중하고 다정한 분인데… 이런 식으로 고통을 드리고 싶지는 않아. 비겁한 짓이야. 내 생각만 할 수는 없어.'

결국 나는 돌아서서 침대 맡에 걸터앉았다. 내 인생의 가장 어두운 순간과 마주했다. 살고 싶은 마음은 눈곱만큼도 없지만 그렇다고 죽을 수도 없었다! 안개 자욱한 이 평지에는 캄캄한 절망만 가득했다. 이 길 너머 높은 곳에선 금빛 햇살이 찬란하게 쏟아지고 있었지만 그 밑에 있는 나로선 그것을 알 길이 전혀 없었다! 하나님이 당신의 가장 숭고한 계획 하에 나와 같은 이상과 열정을 가진 남편을 이미 준비하고 계신다는 것을 누군가 내게 귀띔만 해주었어도 그토록 가슴 아파하지는 않았을 텐데. 그러나 우선은 안개 낀 평지에 떠도는 공허한 약속의 찌꺼기들부터 들이마실 필요가 있었다. 그런 후에야 비로소 그것들의 유혹과 미묘한 끌림으로부터 자유로워질 수 있었다.

실제로 그런 일이 있고 나서 이상한 일이 일어났다. 그날 나는 '시詩 연구'를 주제로 한 매튜 아놀드의 에세이를 공부하고 있었다(아놀드의 제자 중 한 명인 세지윅 박사가 나를 높은 길에서 처음으로 밀어낸 사람이라는 사실을 기억하자). 그 에세이는 여러 고전들에서 다양한 인용문을 가져다 쓰며 완벽한 시의 기준이 무엇인지 제시하고 있었다.

그 중 하나가 단테의 시였는데 이런 글이었다.

"In la sua volontade ē nostra pace."

라틴어 실력을 총 동원해 추측해본 의미는 이러했다.

"그분의 뜻 안에 평안이 있다."

그 문장이 침실에 한 가득 떠올랐다.

단테는 하나님을 믿는 사람이었다.

'결국 하나님이 계시다면 어떡하지?' 그렇다면 나는 확실히 하나님의 뜻 안에는 있지 않았다. '어쩌면 그래서 내 안에 평안이 없는 것은 아닐까?' 하는 생각이 문득 들었다. 주변에 쳐다보는 사람도 없었다. 나는 두 손을 번쩍 들어 올리며 작은 목소리로 이렇게 말했다.

"하나님, 만약 하나님이 계시다면…"

정신적인 고통을 달래줄 아편이나 얻자고 존재하지 않는 것을 믿을 마음은 전혀 없었다.

"제 마음에 평안을 주셔서 하나님 당신이 계심을 증명해 주신다면 제 평생을 하나님께 드리겠습니다. 무슨 일을 시키든 다 하고, 어디로 보내든 다 가겠습니다. 평생 순종하겠습니다."

그렇게 기도한 후 나는 침대에 누웠고 담요를 덮었다.

3
따라해선 안 되는 일들

::
당시엔 이기적인 허영심으로 기도드렸을 때조차
하나님은 내 안에 진심으로 하나님을 찾는 마음이 있다는
이유만으로 응답해 주셨다. 내가 평생을 하나님께 드리겠다고
말씀드릴 때 정말 그럴 작정이라는 것을 아셨던 것이다.

눈을 떠보니 아침이었다. 밴쿠버의 한겨울 햇살이 침실에 환하게 쏟아지고 있었다. 잠이 덜 깬 상태로 햇볕을 즐기다가 갑자기 이상한 생각이 떠오르면서 퍼뜩 정신이 들었다.

'내가 이렇게 정신없이 잠을 잤다니! 어떻게 된 일이지? 그 동안 불면증에 시달렸던 날이 얼마인데.'

간밤의 일을 더듬어 생각해 보았다.

'그래, 하나님과 거래를 했어.'

나는 하나님께 평안을 구했고, 그 결과 평안이 찾아왔다.

'그래, 응답을 받은 거야.'

하지만 그것은 하나님을 떼놓고도 쉽게 설명할 수 있는 일이었다. 그것만으로는 하나님이 존재한다는 증거가 못 되었다. 정신이 물질을 지배한다고 하지 않았는가. 온갖 괴로움을 상상의 존재에 맡겼더니 몸과 마음이 잠잠해진 모양새였다.

나는 얼른 잠옷을 벗어던지고 침대 맡에 앉았다. 종교를 무슨 마약처럼 사용하지는 않을 참이었다. 반드시 있는 그대로 사실만을 보리라. 실제로 나는 타고난 '현실주의자'라고 자부하는 터였다. 그런데 아무리 돌아보아도 이런 생각이 머리에서 떠나지 않았다.

'어젯밤에 너는 거래를 했어. 상대는 계약을 이행했고. 방법에 대해선 구체적으로 밝히지 않았지만 어쨌든 이렇게 마음이 평안해졌잖아. 남들이 알면 어리석다고 비웃을지 모르지만 아무도 이 일에 대해 모르고 앞으로도 모를 거야. 그러니 이번에는 내 편에서 계약을 이행해야 하지 않을까? 그런데 내가 뭘 하기로 했더라? 아, 하나님이 당신이 계심을 스스로 증명할 경우 내 평생을 그분에게 드리기로 했지. 그러면서 하나님을 찾아가는 거지 뭐. 그런데 하나님을 찾는다고? 어디서?'

사람이 하나님을 찾겠다고 해서 찾을 수 있는 일인가?

욥의 친구 소발은 그것이 어림도 없는 일이라고 생각하면서도 욥에게 물었다. 이에 욥은 창조 사역에 깃들어 계신 하나님을 가리키며 대답하려고 애썼다. 그러나 20세기에는 지구의 기원을 설명하는 또 다른 이론이 있지 않은가.

하나님을 찾으려면 어디로 가야 할까? 문득 기억의 한 장면이 떠올랐다. 학생기독운동이 일어나기 시작하던 1921년 구엘프 집회 때의 일이다. 한 젊은이가 일어나 간증을 했다.

"전쟁포로로 독일에 억류되어 있는 동안 성경을 한 권 구해서 읽기 시작했습니다. 저는 말씀 읽기를 통해 하나님을 찾았습니다."

당시 나는 YWCA 대학 대표로 그 집회에 참석하고 있었지만 죄다 건성으로 느껴질 뿐이었다. 대회에 참석한 학생들 사이에 모더니즘 신봉자들과 근본주의자들 간의 갈등이 벌어지기도 했지만 어차피 나는 불가지론자였기에 종교적 논쟁 따위엔 별 관심이 없었다. 다른 학생들과 신앙에 관한 대화를 나누기는 했지만 마음을 열지는 않았다.

그랬으니 옛 신념에 사로잡혀 간증하러 나온 전직 군인의 이야기에 귀가 솔깃해질 리 없었다. 그런데 이 젊은이는 무언가 참된 것으로 환하게 빛나고 있었다. 그의 모습은 그 집회에서 가장 인상 깊은 장면으로 내게 자리 잡았다. 그의 이름조차 알지 못했다. 그는 다만 도움이 절실한 상황에서 하나님을 찾았다고 확신하며 밝게 빛나는 모습으로 거기에 서 있었다. 그는 신약의 그리스도를 통해 하나님을 찾았던 것이다.

 나 역시 성경을 가지고 있었다. 고등학교 졸업 때 아버지에게 선물 받은 예쁘장한 성경인데 사용한 적은 없었다. 한번 책장에 꽂아놓고는 그만이었다. 먼지가 뽀얗게 내려 앉은 성경을 꺼내 보았다. 현대 신학자들은 모세가 모세오경을 쓰지 않았다고 주장한다. 이것이 문제시 된다는 것, 그것이 문제였다. 문제시 되지 않는 것은 어디 없을까? 그래, 예수 그리스도의 역사성만큼은 의심할 여지가 없는 사실이지 않은가. 소크라테스의 가르침 하면 플라톤의 기록을 가장 권위 있는 것으로 여기는 만큼, 예수의 가르침 하면 사복음서의 기록이 가장 신빙성 있는 것으로 받아들여지는 것도 사실이고 말이다.

 그래서 나는 예수 그리스도를 통해 하나님을 찾아보기로 했다. 복음서만 읽으면서 예수님이 행하라고 말씀하신 것에 죄다 밑줄을 긋고 그대로 따라해보기로 결심했다. 그런데 복음서를 보니 예수님은 기도를 하셨다. 그래서 나 역시 조심스럽게 다시 기도를 시작해 보기로 했다. 사실, 내 기도가 천장을 뚫고 하늘로 올라간다는 생각은 조금도 하지 않았다.

 거기까지 결심하고, 또 다른 공부를 하러 자리에서 일어나 학교에 갈 준비를 했다. 이제 양면을 지닌 삶이 시작되었다. 겉으로 드러난 학교생활은 세상 사람들이 보기에 여전히 명랑하고

도도한 것이었는지 모르지만, 내면의 나는 하나님을 기다리며 열심히 찾기 시작했다. 단, 여기에 꼭 붙는 전제는 '하나님이 계시다면' 이었다.

하나님은 꼭두각시가 아니다. 사람이 줄을 잡아당기는 대로 움직일 것을 기대할 수 없다. 발람이 잡아당기려고 했던 것처럼 교리적으로 옳은 줄이라 해도 그렇게 할 수는 없다. 하나님은 허약한 무신론자가 소리 지르며 항의하면 응답해야 할 의무가 있는 인간의 종이 아니다. 운 좋게도 주문을 알아내어 외우면 펑 하고 나타나는 요술램프의 요정도 아니다.

하나님은 전능하고 가까이 다가갈 수 없는 빛 가운데 살고 계시는 창조주다. 그분은 경외심을 요구하신다. 그러나 또한 당신이 정한 길인 예수 그리스도에 의지해 당신에게 나아오는 이들에게 기꺼이 아버지가 되고자 하신다. 그리스도 안에 있기는 하지만 여전히 미숙한 아기 같은 자녀에게 아버지로서 자상하게 눈높이를 맞춰 주신다.

그런 하나님이기에 내가 그분 앞에 내려놓은 가치 없는 기도들도 일일이 듣고 응답해 주셨던 것 같다. 그렇지 않고는 당시에 내가 응답받은 일들에 대해 설명할 길이 없다. 오늘날 내가 당시와 같은 기도를 드린다면 하나님은 응답해 주지 않으실 것이다. 하지만 당시엔 이기적인 허영심으로 기도드렸을 때조차 하나님은 내 안에 진심으로 하나님을 찾는 마음이 있다는 이유만으로 응답해 주셨다. 내가 평생을 하나님께 드리겠다고 말씀드릴 때 정말 그럴 작정이라는 것을 아셨던 것이다.

"영과 진리로 예배할 때가 오나니… 아버지께서는 자기에게 이렇게 예배하는 자들을 찾으시느니라."

그런 거래가 있고 나서 석 달이 지나도록 외관상 특별히 달라진 점은 없었다. 복음서를 읽고 혼자서 기도했지만 여전히 교회에는 나가지 않았고 종교에 대한 어떤 외적인 관심도 드러내지 않았다.

그러던 어느 날, 친구 질의 집에서 열리는 댄스파티에 초대를 받았다. 질은 일찍감치 다른 동네로 이사를 가서 아마 내가 벤과 헤어진 사실을 알지 못했을 것이다. 하지만 벤을 파트너로 데려올 거냐고 묻지 않았기 때문에 그 사실을 굳이 말하지는 않았다. 예전에 질은 가끔 댄스파티를 열면 벤도 초대해서 나를 집에서 데려오고 데려다주는 기사 노릇을 시켰는데, 이번에도 과연 벤을 따로 초대할지 궁금했다.

하지만 막상 질의 집에 가보니 벤은 오지 않았고, 나는 홀가분한 마음으로 그날 저녁을 완전히 즐겨볼 참이었다. 친한 친구들끼리 모여 조촐하게 즐기는 파티였다. 우리는 거실과 홀, 주방 세 군데로 나뉘어 파티를 즐겼다. 뒤늦게 초인종이 울릴 때, 나는 (코라의 남자친구이자 그 후로 오래도록 그녀의 다정한 남편인) 레스와 홀에서 춤을 추고 있었다. 질이 문을 열자 그 앞에는 벤과 레바가 함께 서 있었다. 벤은 레바를 집 안으로 안내했다. 여기가 어디라고 감히 뻔뻔하게도 레바와 함께 나타나다니. 보고도 믿을 수 없는 광경이었다. 그것은 사람들 앞에서 내 뺨을 치는 것과 같았다. 한 지붕 아래에서 벤과 마주치는 것을 피할 길이 없었다. 가시방석에 앉은 기분이었다. 애써 태연한 척하면서 춤을 추었지만 머리부터 발끝까지 몸이 바들바들 떨려서 자꾸 레스의 발을 밟게 되었다. 오랜만에 춤을 춘 데다 장시간의 공부와 괴로운 불면의 밤으로 인해 피로가 겹쳐서 정신이 하나도 없었다. 최악이었다. 이 수치스러운 상황을 어떻게 모면하지? 레스가 안타까운 표정으로 바라보았지만 별 도움이 되지는 않았다.

결국 나는 "레스, 나 더 이상 춤을 못 추겠어. 기분이 좋지 않아. 이해해줘"라는 말을 남기고 위층 침실로 도망치듯 올라갔다. 나 자신에게 화가 나서 견딜 수 없었다. 방안을 왔다 갔다 하며 부들부들 떨리는 몸을 가누려고 했지만 소용없었다.

갑자기 하나님이 계신지 안 계신지 내가 찾아보기로 했다는 사실이 떠올랐다. 이런 상황에서 그런 걸 시험해 보는 것이 유치한 짓 같았지만 그럼에도 나는 기도했다.

"하나님, 하나님이 계시다면 부디 제게…"

말을 채 다하기도 전에 무슨 바람 같은 것이 불어와 내 몸을 쑥 통과하는 느낌이 들었다. 완전히 얼얼한 기분이었다. 바람 같은 것이 위에서 내려와 몸 밖으로 빠져나간 순간 마음이 아주 차분하고 편안해졌다. 손을 뻗어보니 전혀 떨리지 않고 멀쩡했다. "하나님, 감사합니다"라고 말할 새도 없이 얼른 아래층으로 내려왔다. 좀 전에 나오던 곡이 계속 흐르고 있었고, 레스도 여전히 내가 뛰어올라갔던 계단 끝에 서 있었다.

"이제는 괜찮아, 레스. 우리 끝까지 춤추자."

나는 명랑하게 말했다. 우리는 곡이 다 끝날 때까지 춤을 추었다. 알 수 없는 기쁨과 새 생명이 고동치는 것 같았고 그 기분은 저녁 내내 계속되었다. 벤이 다가와 내게 춤을 청하면서 "와, 너 오늘 예뻐 보인다"라고 속삭였지만 나는 못 들은 척 했다. 우리는 서로에게 너무 안 맞았고, 그러니 다시 복잡한 감정에 휘말려선 안 될 것 같았다.

벤에게 마지막까지 자존심을 지킨 그날 저녁은 내게 승리의 시간이었다. 그러나 집으로 돌아와 방에 혼자 있자니 다시 감정이 복잡해지기 시작했다. 벤은 여전히 멋지게 춤을 추었고, 그와 손잡고 리듬에 맞춰 춤을 추면서 그대로 인생을 표류하고 싶다는 생각이 간절하게 들지 않았던가. 또 다시 잠은 멀리멀리 사라지고 나는 날이 밝을 때까지 괴로움에 몸을 뒤척여야 했다.

그러나 한 가지 사실만은 분명했다. 내가 하나님께 도움을 청했다는 것, 하나님이 계시지 않을 거라는 냉소적인 불신은 여전했지만, 그럼에도 하나님은 신속하게 응답하셨다는 것이다. 그것은 내 의지력에 따른 결과가 아니었다. 그것은 전적으로 외부로부터 온 도움이었다. 이제 나는 지적이고 다정하며 능력 있는 외부의 어떤 존재가 저 위에서 나와 만나기 위해 애쓰고 있음을 느끼기 시작했다. 이후로는 다시 "하나님이 계시다면…"이라는 단서를 붙이고 기도하지 않게 되었다.

이제는 내가 하나님께 어느 정도까지 부탁할 수 있는지, 예수님의 이름으로 기도하기만 하면 항상 기도 응답을 받을 수 있는지가 궁금해졌다. 그래서 아침저녁으로 열심히 기도를 했다. 그런데 그때 기도했던 내용들이 모두 이기적인 것이라서 젊은 독자들이 이 부분만큼은 나를 본받지 않길 바라는 마음이다.

하지만 하나님을 찾는 일에서만큼은 나를 본받아도 좋다. 나처럼 갈보리의 그리스도를 거쳐 하나님께로 가고자 한다면 언제나 환영이다. 성경에 나오는 그리스도의 계시를 찾는 것, 그것도 좋은 방법이다.

그러나 허우적거리며 좌충우돌했던 내 모습을 따라하지는 말기 바란다. 당시 나는 사람들의 충고를 무시했고 외고집인 데다 삶의 수준이 낮아도 한참이나 낮아서 하나님을 보다 높은 차원에서 만나지 못했다.

나는 불가능해 보이는 일들도 기도하면 하나님이 들어주실 수 있는지 궁금했다. 이를테면, 내가 원하는 댄스파티에 초대받는 일 같은….

졸업반 시절 함께 어울려 다니던 우리 무리의 대부분은 짝이 있었다. 약혼을 하거나 오랫동안 사귀어 온 사이들이었다. 가까운 지인들 중에는 내가 특별히 힌트를 주지 않는 한 선뜻 나를 댄스파티에 데려갈 사람이 없었다. 그렇다고 누구에게 힌트를 줄 마음도 없었다. 그런 상황에서 하나님은 의심이 감탄으로 바뀔 만큼 놀랍게 내 기도에 응답해 주셨다.

한번은 이웃 대학의 축구팀이 우리 학교에 친선 경기를 하러 왔고, 경기 후 간단한 댄스파티가 열렸다. 그 파티는 두 팀 간의 우의를 다지는 작은 행사로서 선수들과 선수의 여자친구, 코치나 감독 같은 관계자들만 참석하는 자리였다. 당시 벤은 인기 선수들 중 한 명이었고, 나는 그 파티에 가고 싶었다. 일전에 그가 내 친구 파티에 밀고 들어왔다면, 이젠 내가 그 자리에 배짱 있게 가서 '너 없이도 내가 이렇게 즐기며 잘 산다'는 모습을 보여주고 싶었다. 그것은 지극히 수준 낮고 세상적인 이유였고, 그런 특정한 파티에 초대를 받는 것 자체도 힘든 일이었다. 하나님이 과연 이런 일도 하실 수 있을까? 나는 하나님을 시험해 보기로 했다.

경기 전날, 그때까지 나는 아무한테도 댄스파티에 초대를 받지 못했다. 이렇게 시간이 임박해서 초대를 받는다한들 마냥 기분 좋은 일만도 아니었다. 차선의 선택, 아니면 차차선의 선택임이 뻔하기 때문이다.

그날 오후 나는 조지와 함께 출연할 연극의 한 장면을 맞춰보고 있었다. 조지는 좋은 친구였고, 마사라는 여자친구와 약혼을 한 터였다. 조지는 마침 축구팀 스태프로 일하고 있었는데 당시에 나는 그런 사정을 알지 못했다. 그는 연극 연습을 마치고 집에 가려고 모자를 집어 들면서 이렇게 말했다.

"그럼, 내일 오후 경기 후에 댄스파티에서 보자."

조지는 내가 벤과 헤어졌다는 사실을 알지 못하는 것 같았다.

"아니, 우리가 내일 볼 일은 없을 것 같은데." 나는 천천히 대꾸했다.

조지는 홱 돌아서서 날카로운 눈으로 나를 쳐다보더니 곧 평소의 신사다운 태도로 돌아가 정중하게 예의를 갖추며 이렇게 말했다.

"이소벨, 어젯밤에 마사가 갑자기 볼 일이 생겨서 어딜 가게 됐어. 그래서 나 혼자 댄스파티에 가게 됐는데 내가 네 파트너가 되는 기쁨을 주겠니? 마사에겐 내가 설명할게. 분명히 괜찮다고 할 거야."

일은 그렇게 간단히 해결되었다. 어리둥절할 정도였다. 다음 날 오후는 완전히 내 세상이었다. 레바가 댄스파티에서 춤출 상대가 없어 꾀다놓은 보릿자루처럼 서 있을 동안 내 앞에는 나와 춤추려는 남학생들이 줄을 섰다. 벤도 레바에게 이런저런 변명을 늘어놓고는 내게 와서 춤을 청했다.

'이건 정말이지 하나님이 하신 일'이라고 나는 확신했다. 그런데 하나님은 잇단 승리 속에서 내게 잊지 못할 가르침도 더해 주셨다. 아무리 자존심을 세우고 허영심을 채워도 진정으로 평안하거나 행복해질 수 없다는 것! 유쾌하고 잘 나가는 듯 보여도 실제로 나는 비참했다. 즐겁게 웃으며 얘기하는 중에도 가슴은 납덩어리처럼 무거울 때가 많았다. 이런 식으로 사는 데 만족할 수 없었다. 날이 갈수록 나는 불행해졌고 환멸을 느꼈다.

그것이 바로 하나님이 내게 원하시는 것이었을 줄이야. 하나님은 이렇게 말씀하시는 것 같았다.

"얘야, 네가 원하는 것이 이런 거라면 계속 그렇게 하렴!"

하나님은 내 안에 공허함을 심어 주셨다. 또한 상식적으로 초대받을 수 없는 자리에 초대받게 해주실 때마다 나를 위해 못하실 일이 하나도 없음을 매번 증명해 주셨다.

그런 와중에도 부모님은 내가 하나님을 찾아 나섰다는 사실을 전혀 모르고 계셨다. 심경에 무언가 변화가 일어나고 있다는 감은 잡으셨지만, 나는 여전히 부모님과 함께 교회에 가기를 거부했고, 평일 밤마다 댄스파티에 다니느라 부족했던 잠을 보충하면서 주일을 보내기 일쑤였다. 그럼에도 태도가 좀 누그러져

보인 모양인지 어머니가 내게 도움을 주고자 다시 애쓰기 시작하셨다.

"이소벨, 나와 같이 엘리스 교수의 강의를 들으러 가지 않겠니? 성경공부 반인데 모이는 곳도 교회가 아니라 밴쿠버성경학교 교실이라고 하더구나. 엄마 마음도 한번 헤아려 주렴. 이렇게 사정하는데 같이 가주면 안 되겠니? 나 혼자선 가고 싶지 않구나."

결국 나는 어머니를 따라나섰다. 그 교실에 나를 아는 다른 누군가가 있을 줄은 몰랐다. 사실 나는 인간에 대한 관심을 끊었기 때문에 그곳에 누가 왔는지 둘러보지도 않았다. 하지만 강사에게는 관심이 갔다. 엘리스 교수는 교양과 학식을 갖춘 신사였다. 차분하면서도 절제된 강의 스타일이 마음에 들었다.

그는 그날 그리스도가 받으신 시험에 대해 이야기했다. 메시지를 전하는 동안에 그 본문에 대한 자유주의자들의 해석들도 아주 진솔하게 지적했다. 공격적이거나 독단적인 태도 없이, 정중하지만 날카롭게 그들의 주장들을 반박했다. 양측이 주장하는 바를 충분히 이해하고 있는 듯 보였다. 은은하게 빛나는 얼굴을 보면서 그가 하나님을 인격적으로 만난 사람임을 직감했다. 그것은 나를 위한 설교였고, 나는 이 자리에 다시 와야겠다는 생각을 굳혔다.

내 뒤에는 백발의 한 신사가 앉아 있었는데, 내성적이고 과묵

한 그분은 아버지의 친구인 라이트 씨였다. 엘리스 교수의 성경 수업을 들으러 간 첫 번째 날이었는지 그 다음 번이었는지 기억은 잘 나지 않지만, 모임 후 그분은 내게 몸을 기울이며 이렇게 말씀하셨다.

"이소벨, 자네를 여기서 보다니 반갑네. 7년 동안 자네를 위해 기도해 왔다네."

라이트 씨는 눈물마저 글썽이고 있었다.

당황스러웠다. 아버지의 애원도 뿌리치고 춤과 세상에 빠져 살아온 게 7년이나 되었다니. 라이트 씨의 얼굴에 가득한 그리스도에 대한 열망을 보며 나는 마음 깊이 흔들렸다. 나의 영혼은 여전히 고통 속에 잠겨 있었기 때문이다. 나는 작은 목소리로 "감사합니다"라고 말한 다음 얼른 건물 밖으로 나왔다.

그 후로 주일마다 그곳에서 열리는 오후 예배에 참석하기 시작했고, 정기적으로 진리인 하나님의 말씀을 먹으며 양육을 받았다. 온화한 사고방식을 겸비한 엘리스 교수의 학문과 강해 설교를 전적으로 신뢰하면서 기꺼이 그분의 가르침을 받았다.

덕분에 머리는 여전히 평지의 안개에 휩싸여 있으면서도, 발만큼은 높은 곳으로 향하는 길에 한 걸음을 내딛었다. 하나님 쪽을 바라보면서….

4
아라비아 사막에서

::
주변은 늘 웃음이 넘치고 떠들썩했지만 나는 사막에
혼자 남겨진 것처럼 외로웠다. 1년 반 동안 하나님은
나의 그런 외로움에 침묵하셨다. 나는 언제나 그 시간을
'아라비아 사막에서 보낸 나날들'로 기억하고 있다.

스무 살이던 1922년 5월, 졸업을 앞둔 나는 교사 자격증을 따기 위해 사범학교를 다섯 달만 다니면 되었다. 나의 야무진 꿈은 대학에서 여학생처장이 되어 영어를 가르치는 것이었다. 하지만 아직 어린 데다 가르쳐본 경험이 없어서 우선은 초등학교 선생 자리라도 받아들여야 했다. 지방으로 내려가면 고등학교 선생도 될 수 있었지만, 어머니는 그 자리에 대해선 들어보려고도 하지 않으셨다. 어머니는 내가 도시에서 교편을 잡아야 한다고 고집하셨다. 결국 사회초년생인 나는 밴쿠버에 있는 세실 로데스 초등학교 3학년의 담임직을 얻게 되었다.

그러는 와중에 우리 가족은 브리티시 콜럼비아 주의 빅토리아 시로 이사를 했다. 아버지는 그곳에 있는 어네스트 홀 박사 병원의 방사선과에서 일하셨다. 어머니는 밴쿠버 집을 팔아 빅토리아 시 외곽에 양계장을 하나 마련하셨다. 이 양계장은 1차 세계대전에 참전했다가 돌아온 오빠에게 일자리를 마련해 주기 위해 산 것이었다. 오빠도 양계장 운영을 하면서 사는 게 괜찮을 것 같다고 생각했다.

1923년 2월, 드디어 밴쿠버의 학교로 부임하게 되었다. 우선 하숙집부터 알아봐야 했다. 평생 처음으로 독립해서 나만의 공간에서 살게 된다니, 그것도 누군가를 부양할 필요도 없이 꼬박꼬박 월급을 받게 된다니 생각만 해도 기분이 좋았다. 그런데 집을 어디서 구한단 말인가?

우연히 8년 전에 초등학교에 같이 다녔던 한 친구의 어머니인 맥밀란 부인을 만나게 되었다. 친구네는 스코틀랜드 가정이었는데, 특히 어머니가 아주 훌륭한 분이었다. 사려가 깊고 신지학의 영향을 받아서 자녀들을 체벌하는 것이 옳지 못하다는 생각을 가지고 계셨다. 그래서 그 집 자녀들이 엄마의 뜻을 따르지 않고 자기들 마음대로 행동하는 게 아닌가 싶었다. 막내

둘은 학교를 계속 다니길 싫어해서 그 집안의 수준에 못 미치는 직업을 가지게 되었다.

　내가 대학을 졸업할 그 무렵, 맥밀란 부인은 살림이 쪼들리면서 하숙을 칠 요량으로 내게 자기 집에 와주겠느냐고 물었다. 부인은 한창 때 쓰던 고급 가구들을 다 팔아버려 지금은 내가 살아왔던 것만큼 편안한 환경을 마련해 주지 못한 점에 대해 미안해 하셨다. 하지만 부인은 아주 깔끔하고 요리 솜씨가 좋았다. 게다가 집도 학교까지 걸어서 다닐 수 있는 거리에 있었다. 마침 어머니도 맥밀란 부인을 알고 있어서 내가 그 집에서 하숙하게 된 것에 대해 안심하셨다. 부인은 나를 친딸처럼 다정하고 친절하게 대해 주셨다.

　그 집에서 크리스천은 나뿐이었다. 두 딸은 모두 선원들과 약혼을 했고, 막내아들은 아내와 어린 자녀를 둔 경찰관이었다. 경찰관의 처남인 로리는 교사가 되기 위해 사범학교에 다니고 있었는데, 수입이 없어서 식비도 거의 내지 못하는 처지였다. 나는 그 집의 아홉 번째 식구가 되었다.

　졸업 후 학창 시절의 친구들은 뿔뿔이 흩어졌다. 대부분이 학위를 따려고 다른 대학으로 갔고, 몇 명은 고등학교에서 교편을 잡기 위해 지방으로 내려갔다. 어쩌다보니 나만 홀로 남아 전혀 딴 세상에서 살게 된 느낌이었다. 하숙집 사람들은 다들 친절하고 노는 것을 좋아했지만 나는 그 틈에 끼고 싶지 않았다. 우리는 같은 집에서 산다는 것 말고는 공통점이 별로 없었다. 주변은 늘 웃음이 넘치고 떠들썩했지만 나는 사막에 혼자 남겨진 것처럼 외로웠다. 1년 반 동안 하나님은 나의 그런 외로움에 대해 침묵하셨다. 나는 언제나 그 시간을 '아라비아 사막에서 보낸 나날들'로 기억하고 있다.

맥이라는 청년과 가끔 데이트를 하기도 했다. 맥은 아직 학생이어서 대학에서 열리는 이런저런 댄스파티에 나를 데리고 다녔다. 하지만 그가 밴쿠버에 살고 있지 않았기 때문에 우리가 데이트한 횟수는 그리 많지 않았다.

밴쿠버성경학교의 저녁 강의에 계속 나가기는 했지만, 다닌 지 얼마 되지 않아서 다른 크리스천 청년들을 만난 기억은 없다. 당시 나는 외톨이였다.

메이어F. B. Meyer는 이런 것이 하나님의 세심한 훈련 가운데 하나라고 말한다. "그 길에 서 있는 사람에게 나타나는 증상 중 하나가 외로움이다." 메이어는 이어서 말한다.

고독과 소외만큼 우리를 강하게 하는 것도 없다.… 건전한 상황에서라면 그런 부담이 있을 때 인간의 영혼은 본연의 힘을 발휘하게 마련이다.… 영원한 하나님에게 아이처럼 전적으로 의지하는 법을 배우고자 한다면, 가족과 친구들을 만나지 않고 혼자 틀어박혀 있을 필요는 없지만 세상의 모든 버팀목과 도움들에 깊이 의지하고자 하는 마음을 끊어야 한다.

하숙집에서는 시간을 정해 놓고 꾸준히 기도하기가 힘들었다. 다들 자정이 훨씬 넘도록 카드게임을 하거나 춤을 즐기는 등 노는 분위기였기 때문이다. 그런 시끄러운 환경에서는 기도하기 힘들었다. 아침에 일찍 일어나 기도해 보았지만 별 소용이 없었다. 마음이 자꾸 학교로 달려가서 기도에 집중할 수 없었다. 마침내 나는 사람들이 모두 잠든 새벽 두 시에 일어나 주님께 기도드리기로 결심했다. 그 시간에 일어나 한 시간 동안 기도하고 성경공부를 했다.

효과는 놀라웠다. 언제나 잠꾸러기였던 내가 새벽마다 자다 말고 일어난다는 게 신기한 일이었다. 고요한 그 시간에 그리스도는 손 내밀면 잡힐 듯 아주 생생하게 다가오셨다. 토저^{A. W. Tozer} 박사가 말한 바 '하나님의 임재를 느끼는 것'이 무엇인지 배웠다. 이제껏 세상의 어떤 것도 그만큼 나를 채워주지 못했다. 주님과 교감하는 기쁨이 말로 다할 수 없이 넘쳐났다. 메마르고 외로운 아라비아 사막에서 내 인생에서 가장 소중한 그리스도와의 교제를 일대일로 생생하게 배운 것이다.

맥밀란 씨 댁에서 하숙하던 처음 몇 달 동안에는 하나님의 임재를 명확히 느끼지 못했다. 내 머리는 여전히 평지의 안개에 휩싸여 있었고 발은 세상에 붙들려 있었다.

그런 내가 어떻게 확실히 영적인 길로 들어갈 수 있었는지 이야기해 보겠다. 그 걸음은 짜증과 실망에서 시작되었다.

우선, 나는 여덟 살짜리 3학년 아이들을 가르치는 일이 전혀 즐겁지 않았다. 우리 반 아이들은 다들 귀여웠다. 나는 집에서 막내였고, 어린 조카들과는 일찌감치 떨어져 살았기 때문에 어린 아이들과 실제로 만난 것은 그때가 처음이었다. 같이 살아본 적이 없으니 처음에는 아이들이 마냥 귀엽게만 보였다. 아이들의 작고 동그란 코마저 마음에 쏙 들었다.

그러나 이내 아이들을 지도하는 게 힘들다는 사실을 알아버렸다! 천사의 얼굴을 한 아이들은 내가 '물렁하다는' 사실을 금세 파악하고는 그 천진난만한 얼굴로 기상천외한 장난을 쳤다! 말썽 없이 넘어가는 날이 하루도 없었다!

게다가 내가 가르치는 과목들은 쓰기, 산수, 간단한 자연, 체육 등 너무도 기초적인 것들이어서 매일 여덟 시간씩 똑같은 수업을 하다보면 제아무리 성격 좋은 사람이라 할지라도 질리고 말았을 것이다. 내가 처음부터 고등학교 영어 선생이 되었다면 아마 선교사가 되지 않았을지도 모르겠다는 생각을 종종 해본다. 그 일을 좋아했을 테니 말이다.

당시에는 가르치는 일이 지긋지긋했다. '아이들을 지도하는 게 뭐 이리 어렵나. 이러다 일을 망치는 건 아닐까' 두려웠고 평생 이런 일을 하며 살아야 한다고 생각하니 당황스러웠다. 나는 교육학을 좀 더 공부해야겠다고 결심하고 시애틀에서 열리는 교사대회에 등록했다. 아마 부활절 휴가 기간이었던 것 같은데 기억은 잘 나지 않는다.

당시 시애틀에는 초등학교 이후로 가끔 연락을 주고받던 도날드라는 친구가 한 명 있었다. 우리는 밴쿠버 남부에 있는 제너럴 울프 초등학교를 함께 다녔다. 수년간 만난 적은 없었지만 내가 교사대회에 참석하기 위해 시애틀에 간다고 편지를 쓰자 바로 답장이 날아왔다. 꼭 자기 집에서 머물러야 하고 나를 마중 나오겠다는 내용이었다. 우리는 그렇게 하기로 약속했다.

그런데 시애틀 행 배를 타려고 집을 나서는 순간 전보가 하나 날아들었다. 내용은 이랬다.

"시애틀 위플 씨 댁에 머물도록 조치해 놨음. 사랑하는 아빠가."

기가 막혀 말도 나오지 않았다! '어쩜 이렇게 막무가내실까? 내가 지금 나이가 몇인데 이렇게 참견하시는지 몰라. 나도 이제 다 큰 어른이라고. 그나저나 위플 씨가 누구더라?'

가물가물한 기억 너머로 어렴풋이 떠오르는 사람이 있었다.

'아, 아빠의 신앙 동지였지… 아빠의 의도를 알겠어. 내가 그분들에게 무언가 영적 조언을 듣길 바라시는 거겠지. 하지만 난 더 이상 고분고분한 품안의 자식 노릇은 못하겠어. 이런 식으로 휘둘릴 수는 없다고. 이미 다른 계획을 세워 놨다고 전보를 쳐야겠어.'

하지만 배 시간에 맞춰 가려면 전보를 칠 시간이 없었다. 나는 열이 뻗칠 대로 뻗쳐서 일단 배에 올라탔다. 배는 다음날 아침 시애틀에 도착할 예정이었다.

아니나 다를까 항구에는 도날드가 마중 나와 있었다. 나는 난처하게 된 처지를 설명했다. 도날드는 별로 상관하지 않았다.

"그러면 위플 씨 댁에서 잠만 자면 되잖아. 낮에는 나랑 다니고…."

나는 그렇게 하기로 했다.

교사대회는 까마득하게 잊어버리고 도날드와 함께 근사하게 저녁식사를 하고 댄스파티에 가서 재미있게 노느라 시간 가는 줄도 몰랐다. 밤이 꽤 늦어서야 위플 씨 댁으로 갔다.

집은 어둠 속에 잠겨 있었다. 뒷마당에만 불이 희미하게 켜져 있었다. 초인종을 누르자 집 안의 불이 켜지고 오티스 위플 부인이 직접 나와 문을 열어 주셨다. 내가 옆에 서 있던 도날드를 소개하자 부인은 그도 안으로 들어오라고 청했지만, 도날드는 괜찮다며 인사를 하고 집으로 돌아갔다. 거실에는 주인아주머니와 나만 남게 되었다.

내가 어떤 사람을 기대하고 있었는지는 모르지만 상상했던 모습은 확실히 아니었다. 부인은 후덕한 몸매에 쾌활한 음성, 남부 사람 특유의 온정과 친절함 그리고 배려심이 있는 분이었다. 배려심이란 머리와 가슴으로 다른 사람의 느낌과 생각을 고려하도록 훈련된 미덕이 아니던가. 부인은 허락 없이 다른 이의 마음 깊은 곳에 불쑥 밀고 들어오는 사람이 아니라는 것을 직감했다. 나는 그런 점이 좋았고 금세 부인의 매력에 빠져들었다.

위플 부인과의 만남, 그것은 내 영혼을 구하기 위한 하나님의 섭리였지만, 나는 그때까지만 해도 그런 사실을 전혀 몰랐다.

오티스 부인은 하나님이라든지 영혼이라든지 하는 문제에 대해선 입도 뻥긋하지 않았다. 그저 우리 집에 대한 훈훈한 이야기, 아버지와의 오랜 우정, 내가 토니 블랙이라는 소녀와 놀랄 만큼 닮았다는 이야기만 했다. 또 퍼스라는 곳에서 열리는 여름 수양회에 대해 얘기했다. 중국에 선교사로 갔다가 얼마 전에 남편과 사별하고 돌아온 시누이가 올 여름 퍼스수양회에 온다는 얘기도 덧붙였다. 이야기를 나누면 나눌수록 나는 마음이 풀리면서 부인이 좋아졌다. 마침내 내가 머물 방에 들어갈 즈음에는 마음에 거칠게 돋아 있던 가시들이 하나도 남김없이 차분히 가라앉아 있었다.

다음날은 주일이었다. 아침에 이 집 식구들과 교회에 같이 가는 성의는 보여줘야겠다고 생각했다. 나머지 시간에는 내 볼 일을 보러 나갈 참이었다. 시내에 사는 메이미라는 친구를 만나

오후를 함께 보내기로 약속했다.

어쨌거나 나는 위플 부인이 왜 나와 마주앉아 신앙 얘기를 하지 않는 것일까 궁금했다. 몇 년 후 부인으로부터 당시의 사정을 전해 듣기 전까지는 그 이유를 도무지 알 수 없었다. 나중에야 안 사실이지만, 우리가 처음 만났던 그날 밤 부인은 나 때문에 마음이 무거워 잠들지 못하다가 일어나 하나님 앞에 무릎을 꿇고 기도했다고 한다. 하나님이 나를 그 집에 보내신 목적이 무엇이든 그 집을 떠나기 전에 이루어지게 해달라고 한 시간 동안 기도한 후, 주님이 기도를 받으셨다고 생각된 후에야 다시 잠자리에 들었다고 한다.

이제 마음의 짐을 주님에게 맡겼기에 주님이 그 일을 어떻게 이루실지 걱정되지는 않았다고 한다. 서둘러서 좋을 게 없다고 생각해서 내게 섣불리 어떤 영향력을 행사하려고도 하지 않았던 것이다. 위플 부인이 즐겨 쓰는 말 가운데 하나가 "성령의 손길 안에서 융통성 있게"인데, 부인은 정말 그 말대로 살았다.

주일 오후에 메이미를 만나 즐거운 시간을 보냈다. 메이미가 심난한 질문을 하기 전까지 말이다.

"이소벨, 너 가르치는 일이 마음에 드니? 즐기면서 하고 있는 거야?"

나는 한숨을 쉬며 대답했다.

"메이미. 난 전혀 행복하지 않아. 교사가 되는 게 평생의 꿈이었지만 막상 졸업을 하고 일을 해보니 생각했던 것과 달라. 적응이 안 돼. 사실 그 일이 싫어. 그래, 고등학교 선생이 되었다면 분명히 상황이 달랐겠지. 난 아직도 문학을 가르치는 게 좋으니까. 하지만 스물한 살에 무슨 경력이 있다고 도시의 고등학교 자리에 갈 수 있겠니. 쓰기와 산수, 이딴 거만 가르치는 건 너무 무의미해. 난 정말이지…"

메이미는 진지하게 내 말에 끼어들었다.

"이소벨, 뭐가 필요한지 알겠다. 너 관상 한번 보러 가지 않을래? 관상을 연구하는 사람이 있는데 족집게라고 소문이 났어. 내가 아는 사람들과 오늘밤에 함께 저녁을 먹기로 했거든. 무슨 직업이 네게 꼭 맞는지 가서 얘기를 들어보자. 원래는 복채를 많이 받지만 우린 친구 사이니까 돈을 받을 것 같지는 않아. 대신 오늘밤에 꼭 와야 해. 내일 이곳을 떠날 거래."

"어쩜, 정말 좋은 기회다! 그런데 걱정이 하나 있어. 내가 지금 신세지고 있는 분들이 워낙 신앙이 좋은 분들이어서 주일에 관상을 보러간다고 하면 어떻게 생각하실지 모르겠어. 아마 기분 나빠하겠지. 유별나게 주일성수하는 사람들이 있다는 거 너도 알 거야. 그분들이 허락해 주면 좋을 텐데. 친절한 분들의 마음을 상하게 하고 싶지는 않아. 일단 그 댁에 가서 여쭤보고 허락을 받으면 바로 전화할게. 그때 약속을 잡자. 행복한 직업을 가진다면 얼마나 좋을까? 평생 내게 딱 맞는 일이 뭔지 안다면 더 바랄 게 없겠어."

"그래, 그 일이 뭔지 그 사람이 분명히 얘기해줄 거야. 그럼 전화 기다릴게."

나는 두근거리는 가슴을 안고 위플 씨 댁으로 돌아갔다. 케케묵은 종교적 양심 때문에 이렇게 좋은 기회를 놓치는 건 아니겠지?

집에 돌아온 나는 위플 부인을 보자마자 거두절미하고 대뜸 물어보았다.

"아주머니, 여쭤볼 게 하나 있어요. 오늘밤 제가 관상을 보는 사람을 만나서 진로 상담을 하려는데 어떻게 생각하세요? 전 지금 제가 하고 있는 일이 전혀 즐겁지 않거든요. 게다가…"

위플 부인은 밝고 편안하게 대답했다.

"글쎄… 우리 2층에 올라가서 그 일에 대해 더 얘기해 봐요. 내가 잘 모르는 부분도 있으니까. 여기 이분은 맥커즐랜드 양이에요."

위플 부인은 때마침 우리 옆을 지나던 또 다른 손님을 불러 세웠다.

"맥커즐랜드 양도 학교 선생이니까 도움이 될 수 있을 것 같아요. 맥커즐랜드 양과 함께 작은 침대방에 가 있어요. 나도 뒤따라 갈게요."

수년 후에야 나는 왜 위플 부인이 그 방에 늦게 왔는지 알게 되었다. 고등학생이던 어린 딸 로이스가 또래의 두 친구와 함께 집 뒤편에 있었는데 그들에게 중보기도를 요청하러 간 것이었다. 이제 와서 생각해 보면, 그 어린 세 친구가 관상이나 보러 갈 생각에 들떠 있던 나를 바른 방향으로 인도하기 위해 아래층에서 무릎을 꿇고 기도하고 있었다니 참 재미있는 일이다. 로이스는 훗날 중국내지선교회의 나단 월튼 부인이 되었다. 친구 이블린 왓슨은 로이스의 올케, 즉 엘든 위플 부인이 되었고, 또 다른 친구 도리스 코핀은 〈월간 무디〉의 유명한 칼럼 '아웃 오브 믹싱볼'의 저자 윌라드 앨드리치 부인이 되었다. 당시 세 친구들은 위플 부인에게 이런 말을 들었다고 한다.

"이소벨 선생이 인생의 위기를 맞이했어! 내가 위층에 가서 이소벨과 얘기하는 동안에 여기서 중보기도를 해주렴."

그들은 즉시 무릎을 꿇고 기도하기 시작했다.

위층으로 올라온 위플 부인은 내게 이렇게 말했다.

"자, 우리가 이해할 수 있게 처음부터 모든 것을 말해 주면 좋겠어요."

마음을 털어 놓을 자리가 마련되자 나는 아이들을 가르치면서 느꼈던 어려움과 실망들을 다 쏟아냈다. 두 사람 모두 나름대로 자신의 삶에 만족하며 균형 있게 살아가는 것 같았고, 내 얘기를 따듯하게 공감하면서 들어주어 그렇게 할 수 있었다. 그래서 용하게 관상을 보는 사람에게 진로 상담을 받을 수 있는 좋은 기회가 왔다고 털어 놓았다. 그런데 하필 오늘이 주일이라는 점이 마음에 걸린다는 얘기도 했다.

나는 두근거리는 마음으로 친절하고 지혜로우며 다정한 부인의 얼굴을 바라보며 물었다.

"주일에 관상을 보러가는 거 싫어하세요?"

위플 부인은 놀라거나 충격을 받은 것 같지는 않았다. 다만 이 문제를 신중하게 생각하는 듯한 표정이었다.

이윽고 부인은 대답했다.

"이소벨, 주일인가 아닌가 하는 문제는 중요하지 않아요. 정말 중요한 것은 '하나님께서 이소벨의 인생을 향한 계획을 가지고 계신다'는 거예요. 성경은 하나님께서 선한 일을 위하여 우리를 지으셨고 우리가 그 가운데서 행하도록 미리 정해 놓으셨다고 말하고 있어요.^{엡 2:10}

그것은 하나님께서 이소벨을 위하여 보람 있는 삶을 미리 정해 놓으셨다는 뜻이에요. 하나님은 당신이 창조하신 피조물들 하나하나를 위해 그렇게 하세요. 그러니까 내 말은, 이소벨이 자기 인생에서 하나님이 어떤 계획을 가지고 계신지 발견하고 그 뜻을 따르라는 거예요.

관상 같은 것을 통해 그 계획을 보이시는 게 하나님의 뜻이라면 주일에 그런 사람을 만나러 간들 나쁠 게 없겠지요. 하지만 그것이 하나님의 뜻이 아니라면 주중에라도 만나러 가는 것은 옳지 못한 일이 될 거예요."

나는 부인이 얘기하는 방식과 논리에 감명을 받았고, 하나님이 내 인생에 계획을 가지고 계신다는 얘기를 듣는 내내 가슴이 두근거렸다. 교회 장로의 딸이자 장로교 목사의 손녀였던 내게 여태껏 그런 얘기를 해준 사람은 아무도 없었다.

나는 언제나 하나님은 다정하고 아버지 같은 존재라고 여겼다. 우리가 어려움에 처할 경우 저 멀리 하늘나라 어딘가에 계신 그분에게 도움을 청할 수는 있지만, 그 밖의 경우에는 우리 각자가 성실하게 자기 힘으로 삶을 꾸려가야 한다고 생각했다. 그런 다음에야 가끔씩 하나님의 은혜와 도우심을 구할 수 있다고 생각했다. 그런데 하나님께서 그토록 세심하게 내게 관심을 가지고 계신다니, 부탁하지 않았는데도 나의 직업에 대한 계획을 공들여 세워 놓으셨다니 정말 감동받지 않을 수 없었다.

나는 떨리는 목소리를 가누며 물었다.

"우리를 향한 하나님의 계획을 어떻게 찾을 수 있나요?"

이때 나는 맥커즐랜드 양이 걸터앉아 있는 침대 위에 무릎을 꿇고 앉아 있었고, 위플 부인은 침대 옆에 놓인 의자에 앉아 있었다. 위플 부인은 성경책을 내 앞에 꺼내 놓으며 말했다.

"이소벨, 나는 하나님의 말씀인 이 책에서 그분의 뜻을 찾았어요. 우리를 향한 하나님의 뜻은 언제나 성경을 보면 알 수 있거든요. 나 역시 대개는 성경에서 갈 길을 찾았어요."

그 순간 전화벨이 울렸고 위플 부인은 전화를 받으러 나가면서 말했다.

"미안하지만 잠시 나갔다 올게요. 금방 돌아올 거예요. 맥커즐랜드 양, 당신이 생각하는 바를 이소벨에게 말해 줄래요?"

부인이 나가고 난 후 맥커즐랜드 양이 뭐라고 얘기했는지 나는 기억하지 못한다. 내 머릿속에는 온통 '내 삶을 향한 하나님의 계획이 저 책에 들어 있다'는 생각만 꽉 차 있었기 때문이다. 나도 모르게 성경을 앞으로 끌어당겼다. 성경은 덮인 상태였고, 나는 맥커즐랜드 양을 바라보며 아무데나 성경을 펼쳐보았다. 내심 성경이 관상에 대해 뭐라고 말하고 있을지 궁금했다.

문득 펼쳐진 장을 보았는데 나도 모르게 왼손의 검지가 다음 구절을 가리키고 있었다.

거짓 일을 멀리 하며.[출23:7]

직접 하나님의 음성을 듣는 것 같았다. 아무한테도 말한 적 없던 마음속 질문에 대해 이렇게 직접적으로 답변을 들으니 너무나 깜짝 놀랐고 억눌렸던 마음이 풀어지면서 눈물이 흘렀다.

그때 위플 부인이 다시 방에 들어왔다. 이제는 눈물이 걷잡을 수 없이 흘러 내렸다.

"괜찮아요, 이소벨." 부인은 말했다. "하나님께서 인도해 주실 거예요."

"하나님, 하나님께서…" 나는 울며 말했다. "이 구절을 보세요."

나는 "거짓 일을 멀리 하며"라고 쓰인 부분을 가리켰다. 부인도 그토록 신속하고 완벽한 응답에 몹시 놀라워했다. 하나님을 찾아 헤맸던 지난 1년 반 동안 쌓여온 번민이 절정에 달하면서 나는 기운이 다 빠질 때까지 울음을 그칠 수 없었다.

두 여인이 곁에서 부드럽고 다정하게 나를 보듬어 주었다. 친절한 위플 부인은 아무것도 캐묻지 않았다. 부인은 개인의 영적인 비밀을 존중해 주었다. 그래서 다들 위플 부인을 좋아하고 신뢰했던 것 같다.

위플 부인이 내게 다시 퍼스수양회에 대해 얘기하며 오는 7월에 손님 자격으로 참석해줄 것을 청한 것 말고는 수양회에 대한 다른 얘기들은 기억나지 않는다. 솔직히 나는 수양회에 관심이 없었다. 일부러 사람들을 흥분시키고 강요하는 듯한 전도 집회는 여전히 내키지 않았다.

나는 그 무엇에도 강요당하고 싶은 마음이 전혀 없었다.

그래서 말했다.

"고맙습니다, 위플 부인. 하지만 이미 빅토리아에서 열리는 교사여름학교에 등록한 걸요. 하나님께서 다른 길로 이끌어 주시기 전까지는 생활비를 벌어야 하고, 그러자면 가르치는 일 말고는 할 수 있는 게 없어요."

그리고 우리는 헤어졌다. 주님은 이제 내가 생각하던 것과는 전혀 다른 한 길로 나를 이끌어 가기를 원하고 계셨다. 내 인생은 바야흐로 새로운 국면으로 접어들고 있었다. 그리고 이상하게 들릴지 모르겠지만, 그 일은 구두 한 켤레에서 시작되었다.

5
구두 한 켤레와 퍼스수양회

::
깊이 상처 입은 그 마음은 하나님을 갈망하고 있었다.
눈을 뜬 순간부터 '어떡하면 주님과 교제하고 주님의 임재를 느낄
수 있을까' 하는 생각뿐인 것 같았다. 그런 모습을 보면서 내 안에도
똑같은 갈망이 일어났다. 나 역시 상처 입은 영혼이었기 때문이다.

톰 콜 부인이 시누이 오티스 위플 부인에게 말했다. "이거 받아요, 줄리아. 퍼스수양회가 얼마 남지 않았는데 구두 한 켤레 정도는 장만해 둬야 하지 않겠어요?"

콜 부인은 진지한 눈길로 위플 부인을 쳐다보며 5달러를 건넨다. 당시 오간 얘기는 정확히 알 수 없지만, 나중에 콜 부인에게 전해 들은 바에 의하면 새 구두를 사서 신으라는 의미로 위플 부인에게 그 돈을 주었다고 한다.

위플 부인은 외양에 무심한 사람은 아니었다. 사실 평소에 옷을 잘 챙겨서 입는 편이었지만 당시에 재정 사정이 그리 넉넉하지 못했던 것 같다. 위플 내외가 자신들의 마지막 재산인 퍼스의 오두막을 주님께 드린 이야기가 코핀 앨드리치의 「주님의 퍼스」라는 책에 나와 있다. 그들이 워싱턴 주 벨링엄 퍼스에 신혼여행을 위해 지은 오두막을 하나님께서 해마다 열리는 왓컴 호수 성경·선교수양회를 시작하는 데 썼고, 이 일로 그들이 큰 은혜를 받았다는 이야기다.

1923년은 세 번째 수양회가 열리는 해였고, 위플 부인이 안주인 자격으로 수양회를 준비하는 중이었다. 그런데 안주인이 다 해진 신발을 신고 있는 것을 손님들이 보면 어떻게 생각하겠는가 하고 콜 부인은 걱정되었던 것이다.

하지만 위플 부인의 생각은 딴 데 가 있었다. 위플 부인은 나 이소벨 밀러가 퍼스수양회에 오길 기도하고 있었다. 부인은 내가 어딘지도 모른 채 더듬거리며 하나님을 찾고 있고, 이런 시점에서 말씀에 잘 안착하지 않으면 위험하게도 엉뚱한 길로 갈 수 있음을 알았다. 연약한 청년들이 대부분 그렇듯 나는 숱한 주의나 주장들 중에서 어쩌다 맞닥뜨리게 된 것에 자석처럼 끌리거나 휩쓸리기 쉬운 상태였다. 그래서 성경 말씀을 기초로 크리스천들과 교제할 필요가 있었다.

그런데 대학 시절에 학자금 대출을 받은 게 좀 있고, 이제 겨우 6개월간 봉급생활을 했으니 내게 무슨 돈이 있겠는가 하고 위플 부인은 생각한 모양이었다. 위플 부인에게 자신의 새 구두는 뒷전이었다. 부인은 내게 퍼스수양회에 초대하는 편지를 보내면서 5달러를 동봉했다. 5달러는 배 삯으로 쓰라고 주님이 준비해 주신 것이며, 일단 퍼스에 오면 손님을 맞이하는 의미에서 숙식을 무료로 제공하겠다는 내용이었다.

처음에는 위플 부인의 초대와 선물에 큰 의미를 두지 않았다. 퍼스에 꼭 가야겠다는 마음도 없었다. 이게 다 위플 부인의 친절함에서 비롯된 일이라고 생각했지만, 어떤 식으로든 회답하지 않을 수 없었다.

사실 찾아보면 핑계거리는 얼마든지 있었다. 무엇보다 수양회는 내가 이미 등록한 교사여름학교와 기간이 겹쳤다. 수양회에 참석하려면 6주간 진행되는 여름학교 중간에 10일내지 11일 동안 수업을 빠져야 하는데, 그럴 경우 학점을 제대로 받을 리 만무했다. 그래서 이 문제를 놓고 시험 삼아 기도했다.

"주님, 제가 퍼스에 가는 게 주님의 뜻이라면 학점을 깎이지 않고 학교에 휴가 신청을 낼 수 있게 해주세요. 그러면 퍼스에 가는 것을 주님의 뜻으로 받아들이겠어요."

다음날 아침 나는 교사여름학교 간사를 찾아가 물었다.

"개인적으로 중요한 일이 있어 벨링엄에 가야 합니다. 고과 감점 없이 열흘 동안 휴가를 신청하려고 하는데 가능할까요?"

그는 내 이름을 묻고 잠시 입을 오므리며 책장을 넘기더니 말했다.

"좋습니다. 밀러 양. 언제 떠나서 돌아오는가만 얘기해 주세요."

귀를 의심하지 않을 수 없었다. 불과 어제만 해도 한 동료 교사가 일주일 간 휴가를 신청했다가 단칼에 거절당하지 않았던가! 어떻게 된 일인지 설명할 수는 없지만 나는 휴가를 내고도 학점을 전혀 깎이지 않았다.

꿈을 꾸는 듯 사무실을 나와 벨링엄으로 가는 배편을 알아보고 위플 부인에게 언제, 어떻게 가겠다는 전갈을 보낸 후 여행가방을 싸기 위해 집으로 돌아왔다.

이윽고 1923년 7월 어느 저녁, 내가 탄 배가 벨링엄 부두에 도착했다. 한 번도 가본 적 없고 아는 사람도 없는 곳이었다. 위플 부인을 찾으려고 열심히 두리번거리고 있는데 한 청년과 아리따운 소녀가 다가왔다.

"이소벨 밀러신가요? 당신을 마중 나왔어요. 이쪽은 엘든 위플이고 저는 이블린 왓슨이에요. 우리, 시애틀에서 만난 적 있는데 기억나세요? 차를 가지고 왔으니 타세요! 퍼스까지 차를 타고 가야 하지만 그리 멀지는 않아요."

따듯한 환대에 나는 금세 집에 온 듯 마음이 편해졌다. 차는 향기로운 숲을 끼고 구불구불 나 있는 미로 같은 길을 달렸다. 이윽고 한 길에 접어들더니 커다란 전나무 사이에 멈춰 섰다. 그곳엔 위플 부인이 마중나와 있었다. 부인의 환한 얼굴과 경쾌한 웃음소리, 차고 넘치는 친절함에 푹 안기고 싶은 마음이 일어났다. 아니나 다를까 부인은 나를 꼭 끌어안고 입을 맞춘 후 벽난로가 있는 큰 방으로 데려갔다.

장년들은 의자에, 청년들은 통나무 장작이 타고 있는 벽난로 앞에 앉아 있었다. 불빛이 어려 다들 얼굴이 발그레하게 빛났다. 저녁 예배가 계속 되는 동안에 청년들은 서로 곁에 앉히겠다며 나를 끌어당겼다. 나는 낯을 가려서 잘 모르는 사람들하고 있으면 말을 잘 하는 편이 아니었지만, 여기서는 집에 온 듯 편안했고 보는 것마다 다 마음에 들었다. 이곳에는 내가 알고 경외하게 된 하나님의 임재가 가득했다. 하나님은 그곳에 모인 사람들의 최대 관심사였다.

문 앞에서 에드나 기쉬를 소개받았다.

"이쪽은 내가 시애틀에서 얘기했던 시누이 에드나 위플 기쉬예요. 이곳에 머무는 동안 한 방을 쓰게 될 거예요."

몇 년 후 나는 위플 부인에게 일부러 나를 에드나의 방에 배정한 것이냐고 물었다. 왜냐하면 그때의 인연으로 내 인생이 달라졌고 그 후로도 지속적으로 그녀의 영향을 받았기 때문이다.

"글쎄요, 잘 생각이 나지 않네요." 부인은 간단히 대답했다.

"내 기억으로는 에드나의 오두막 말고는 달리 방이 남지 않았던 것 같아요."

캠프파이어 예배 후 에드나는 나와 함께 숲길을 지나 같이 지내게 될 작은 오두막으로 갔다. 거기서 우리는 한 방을 썼다. 에드나는 잠자리에 들기 전에 베개 밑에서 작고 낡은 성경책을 꺼내어 나와 함께 읽고 기도했다. 그런 다음에야 우리는 그윽한 전나무 향기를 맡으며 잠을 청했다.

깊이 잠들기 전 나는 에드나의 이야기를 곰곰이 생각해 보는 시간을 가졌다.

"이건 엘리스의 성경이에요."

에드나는 해지고 표시 자국이 많은 성경책을 베개 밑에서 조심스레 꺼냈다. 문득 시애틀에서 위플 부인에게 들은 이야기가 생각났다.

에드나는 선교사인 엘리스가 안식년을 맞이해 처음 귀국했을 때 그를 만났다. 그는 에드나의 이상형으로서 신앙이 깊고 헌신적인 청년이었다. 둘은 결혼 후에 중국 난징의 남문 지역으로 선교사 파송을 받았다.

이듬해 그들은 고원 유원지로 유명한 쿠링으로 휴가를 떠났다. 그곳에는 수영하기 좋은 호수와 아름다운 산책로가 많았다. 어느 날 호수 쪽에서 비명소리가 들렸다. 달려가 보니 한 젊은 선교사가 물속에서 쥐가 났는지 허우적거리고 있었다. 엘리스는 즉시 물에 뛰어들어 선교사를 구해 주었지만 정작 자신은 물에서 나오지 못했다. 이번에는 에드나가 그를 찾으러 물에 뛰어들었다. 시간은 자꾸 흐르는데 남편은 보이지 않으니 에드나는 공포와 불안감으로 정신을 차릴 수 없었다. 몇 차례나 물에 뛰어드는 동안 몸이 바위에 부딪혀 멍드는 것도 몰랐다. 온통 '엘리스를 구해야 한다' 라는 생각뿐이었다.

마침내 에드나는 남편의 몸이 작은 폭포 아래에 떠 있는 것을 보았다. 그녀는 다시 물속에 뛰어들어 그를 끌고 물가로 나왔다. 그는 이미 숨을 거둔 상태였다.

완전히 탈진한 에드나는 나무 그루터기에 주저앉아 두 손으로 얼굴을 감싸 쥐었다. 몇 분 후 고개를 들었을 때 몇몇 중국인 짐꾼들이 그들 앞에 놓여 있는 시신을 겁에 질린 표정으로 바라보고 있었다. 에드나는 얼른 그들에게 다가가 바닥에 누워 있는 이 시신은 더 이상 남편이 아니라는 점을 설명했다. 남편은 지금 하나님과 함께 안전하게 있다고 말하며 그들에게 그리스도를 전했다.

에드나도 상처가 깊어 병원으로 후송되었고, 퇴원 후 잠시 휴식을 취하는 것이 좋겠다는 권고를 받았다. 남편 앞으로 나온 보험금이 제법 되어 여름 동안 퍼스에서 지낼 수 있었는데, 수양회 측에서 에드나에게 청년 집회를 맡아달라고 요청했다. 찢어질 듯한 마음을 뒤로하고 청년들 앞에서 기쁨으로 성경을 가르치기가 얼마나 힘들었을까?

  수년 후 위플 부인에게 들은 애기인데, 에드나는 수양회 관계자들을 찾아가 더 이상 그 일을 못하겠다고 말했지만 모두들 뒤에서 기도로 후원하겠다는 약속을 받고는 다시 청년들 곁으로 돌아온 것이었다.

  에드나는 청년들에게 헌신된 삶이란 무엇인지, 왜 선교를 해야 하는지에 대한 성경적인 근거들을 가르쳤다.
  나는 그때까지만 해도 해외 선교에 대해서는 한 번도 생각해 본 적이 없었다. 기질적으로 집에 있는 것을 좋아했고, 육체적인 안락함에 매여 사는 노예나 다름없었다. 여행에 매력을 느껴 본 적도 전혀 없었다. 여행은 그저 낯선 얼굴과 낯선 길, 다시 말하면 고생을 의미했다. 그런데 하나님이 원하신다면 기꺼이 이런 것들을 포기해야 한다는 사실을 에드나가 난생 처음으로 내게 가르쳐 주었다.
  마침내 에드나가 하나님이 해외 선교로 부르신다면 기꺼이 헌신하고자 하는 사람들은 손을 들라고 했을 때 나는 손을 들어 올렸다. 에드나가 몹시 감격하는 모습에 내가 오히려 놀랐다. 당연한 일을 했을 뿐인데…. 그날 밤 나는 내 삶을 바치기로 하나님과 약속했다. 내가 해외에 나가 선교하기를 하나님이 원하신다면, 물론 나는 해외로 가야 했다. 내가 가기를 원하느냐 원하지 않느냐는 중요하지 않았다. 내 인생은 더 이상 내 것이 아니었다. 당시 하나님이 내게 원하시는 것이 해외 선교였는지는 분명치 않았다. 다만 하나님이 원하신다면 기꺼이 갈 참이었다. 그런데 내가 손을 든 것에 왜 다들 그렇게 감격했던 걸까?

에드나는 잘 모르겠지만 사실 그녀는 내게 더 깊은 축복의 통로가 되어 주었다. 그녀와 함께 오두막에서 규칙적인 일상생활을 하며 난생 처음으로 성령 충만이라는 것을 경험했다. 연단 아래에서 내게 가장 큰 영향을 주었던 인물은 바로 에드나였다.

에드나는 하루를 시작할 때 다른 누구도 아닌 바로 주님의 얼굴을 구했다. 새벽에 일어나서 잡담을 하거나 베개에 얼굴을 묻는 법이 없었다. 깊이 상처 입은 그 마음은 하나님을 갈망하고 있었다. 눈을 뜬 순간부터 '어떡하면 주님과 교제하고 주님의 임재를 느낄 수 있을까' 하는 생각뿐인 것 같았다. 그런 모습을 보면서 내 안에도 똑같은 갈망이 일어났다. 나 역시 상처 입은 영혼이었기 때문이다.

에드나와 나는 엘리스의 흔적이 고스란히 남아 있는 성경책으로 함께 빌립보서를 읽었다.

"오직 한 일."

어쩌면 이렇게 딱 맞는 말씀인지… 내 앞에 바로 이 말씀대로 살고 있는 사람이 있지 않은가.

나도 내 성경의 같은 구절에 표시를 해두었다.

"항상 기뻐하라."

에드나는 이 말씀에도 해당되었다. 어떻게 해야 나도 그 비결을 배울 수 있을까? 나는 이 구절에도 표시를 했다. 하지만 성공할 확률이 좀 더 많을 것 같은 빌립보서 4장 11절 말씀대로 살아보자고 결심했다.

"내가 궁핍하므로 말하는 것이 아니니라 어떠한 형편에든지 나는 자족하기를 배웠노니."

이 구절은 이후 10년 아니 그 이상 동안 내 인생을 비추는 말씀이 되었다.

"내가 그리스도와 그 부활의 권능과 그 고난에 참여함을 알고자 하여 그의 죽으심을 본받아." 빌 3:10

내 영혼을 깊이 파고들며 감동을 준 위대한 말씀들이다.

나는 이른바 탐색 중이었다. 뼛속 깊이 와닿는 말씀들을 하나하나 성경에 표시해 나가는 것, 그것은 다름 아닌 하나님을 찾아가는 과정이었다. 그 사이 내 발은 어느덧 높은 곳으로 향하는 길로 들어섰다.

6
안녕, 시시한 불빛들

::
떠오르는 태양을 반가이 맞이할 수 없다면
누가 저 작은 촛불을 끄겠는가?
여름이 오지 않았는데
누가 겨울옷을 벗어 버리겠는가?
– 무명

이런 시기에도 내가 여전히 연극과 춤, 그 밖의 세상일들에 푹 빠져 있었다면 믿을 수 있겠는가? 설마 하겠지만 사실이 그랬다. 아버지는 진즉부터 내게 이런 오락거리들을 멀리해야 한다고 권고하셨다. 한편 어머니는 그리 편협하게 생각할 필요는 없다고 하셨다. 분별력 있게 즐기는 한 아무런 해가 없다는 쪽이었다. 나야 보다 편하고 즐길 수 있는 어머니의 견해를 따르는 쪽이었다.

가끔 '이래도 될까?' 하는 찔림이 들었지만 언제나 그 옛적에 들은 비아냥을 아프게 떠올리며 마음을 다잡았다. "자네들 부모님이 말씀하셔서 그렇게 믿는가 보군." 이제 다시는 주관 없이 다른 사람들의 생각과 말에 편승해서 나의 어떤 습관도 포기하지 않을 참이었다! 하나님이 내게 직접 "이런 이런 일을 하지 말거라" 하지 않으시는 한 나는 내가 해온 일을 앞으로도 계속 할 생각이었다.

사실 이런 오락거리들은 위의 시에 나오는 작은 촛불과 같았다. 일상 속의 활력소라고나 할까? 흔히들 말하는 '기분전환용'이었다. 종교적 편견에 사로잡힌 고루한 샌님이 반대한다고 해서 그런 재미를 포기할 마음은 전혀 없었다!

그럼에도 결국 내가 접어야 했던 첫 번째 기분전환 거리는 카드게임이었다. 맥밀란 씨 댁에서 하숙하는 젊은 친구들은 자정이 지나도록 게임을 할 때가 많았다. 돈이 있는 경우에는 약간의 판돈까지 걸기도 했다. 뱃사람들이어서 그런지 잃는 것도, 따는 것도 없이 맨송맨송하게 무슨 재미로 카드게임을 하느냐고 했다. 물론 그들은 내게 판에 낄 것을 청했지만, 나는 무엇보다 나의 소중한 돈과 시간을 낭비하는 것이 아까워 선뜻 나서지 않았다.

"이소벨은 교회 다니는 사람이어서 카드게임을 삼가는 것 같아"라고 잭이 사람들에게 진지하게 얘기했다.

　잭도 뱃사람이었지만 다른 사람의 마음을 잘 헤아려 주었다! 한번은 내게 성경을 가르쳐 달라는 부탁을 한 적도 있었다. 아내나 주변 사람들이 방해하지 않았다면 아마 주님을 영접했을 지도 모른다. 아무튼 나는 곤란한 초대를 피하고 보자는 마음으로 잭의 말을 받아서 얼른 이렇게 얘기했다.

　"그래요, 잭. 난 솔직히 이 자리에 별로 끼고 싶지 않아요."

　그러자 잭은 모두에게 들으라는 듯 큰소리로 말했다.

　"자, 들었지? 우리 이제 더 이상 이소벨을 조르지 맙시다."

　"이소벨, 우리를 위해 피아노나 쳐줘요. 음악을 들으면서 게임을 하는 것도 좋을 것 같으니…."

　그렇게 문제는 해결되었다. 나는 즐겁게 피아노를 쳤고 그중에서도 찬송가를 즐겨 쳤다. 사람들은 교회 냄새가 물씬 풍기는 나의 선택을 받아 주었다. 덕분에 밤마다 진기한 풍경이 벌어졌다. 내가 찬송가 연주를 하는 동안 사람들은 돈을 걸고 카드게임을 했다. 물론 나는 원하는 시간까지만 연주를 하고 잠자리에 들 수 있었다. 만족스러운 타협안이었다. 종교적인 이유로 그렇게 한 것이니만큼 다른 경우에도 같은 입장을 지켜야 했다. 아쉽지는 않았다. 맑은 정신을 왜 카드게임 같은 것에 허비하는지 모르겠다는 생각을 평소에 갖고 있었기 때문이다. 순간의 재미 말고는 남는 게 없는 일이었고, 사실 재미도 썩 느끼지 못했다.

그렇게 나는 카드게임라는 작은 불빛에 작별을 고했다.

두 번째로 접은 기분전환 거리는 카드게임과는 전혀 다른 종류였다. 그 일에 대해서는 이전에 누구에게도 충고를 듣거나 지적을 받은 적이 없었다. 1923년 여름, 퍼스수양회에 가기 전의 일로 기억한다.

나는 연애소설 마니아였다. 한번 책을 들면 빠져나오지 못했다. 연애소설은 어렵고 힘든 일로부터 도망칠 수 있는 정신적 피난처였고, 밤에 혼자 있어도 그것과 함께라면 끄떡없었다. 멋진 사랑 이야기와 함께 또 다른 세상으로 날아갔다. 흥미진진한 얘기에 빠져 마지막 한 장을 넘길 때까지 책을 손에서 내려놓을 수 없었다.

그해 여름 우리는 오빠의 농장에서 함께 지냈는데, 주변에 젊은이들이 없어 해가 떨어진 뒤로는 혼자 시간을 보내야 했다. 그런 상황에서 연애소설이 나의 유일한 낙이었다. 그렇다고 성인 소설을 읽은 것이 아니고 풋풋하고 가슴 두근거리는 연애 이야기들을 골랐는데, 이런 얘기들은 대부분이 현실에서는 전혀 일어날 수 없는 허무맹랑한 내용이었다.

살다보면 가끔 모험의 순간이 찾아오기도 하지만 그 외 남은 대부분의 시간은 단조롭고 밋밋하며 고된 노동이 연속되는 것이 보통 사람들이 살아가는 모습이다. 말하자면 우리의 현실은

드라마 속의 세상과는 달리 무미건조하기 쉽다. 그런데 매일 변화무쌍하고 짜릿한 일들이 벌어지는 소설 속에 빠져 사는 사람들의 경우, 단조롭게 반복되는 현실에 적응할 준비가 되어 있지 않다.

오늘날 많은 결혼생활들이 파경을 맞는 것은 어쩌면 이런 이유에서이지 않을까? 낭만과 설렘으로 가득 차 있는 결혼생활을 꿈꾸었는데, 막상 결혼하고 보니 이처럼 단조롭고 밋밋하며 평범할 수 없는 것이다. 실은 그것이 현실이고 가정의 근간을 이루는데 말이다.

어쨌든 나는 연애소설에 푹 빠져서 자정이 넘도록 책을 내려놓지 못했다. 어떤 때는 새벽 1시가 다 되어서야 책을 덮은 후 하루를 마치는 예배를 드리려고 성경을 들었다. 하지만 그렇게 드린 예배에서는 아무런 은혜를 받지 못했다. 성경이 너무 재미없고 지루했다. 기도를 드려도 주님이 멀리 계시는 것만 같았다. '졸려서 그런가'라고 생각하며 잠자리에 들지만 다음날 아침이라고 해서 나아진 것은 없었다. 하나님은 여전히 멀리 계신 것 같았고 성경은 딱딱하고 시시했다.

교사여름학교가 열리기 전에 나는 아버지가 운영하시는 성경 가게에서 점원으로 일하고 있었다. 아버지는 빅토리아 시에 기독교 서점이 부족하다고 생각했고, 크리스천 친구들의 지지를 받으며 부업으로 성경 가게를 여셨다. 나는 여름휴가를 간 점원을 대신해 가게에서 일했다.

버스를 타고 시내로 출근하는 동안 생각할 시간을 가졌다. 도대체 무슨 일이 일어났기에 주님이 더 이상 실재로 느껴지지 않는 것일까? 내 평생 처음으로 창세기에서 요한계시록까지 통독했던 성경인데 도대체 왜 따분해진 것일까? 경고등이 켜진 느낌이었다. 나는 버스에 앉아서 마음속으로 이 일에 대해 주님께 얘기를 했다.

"주님, 뭐가 잘못된 것일까요? 왜 얼마 전까지만 해도 느꼈던 주님의 임재를 더 이상 느낄 수 없게 된 건가요? 왜 성경이 무미 건조해진 거죠?"

주님이 이렇게 대답하시는 것 같았다.

"아이스크림과 탄산음료를 배부르게 먹은 아이가 고기와 감자에 입맛이 당기겠니?"

"주님, 지금 소설에 대해 말씀하고 계신 건가요?"

"그래, 그것이 네 육체적인 부분을 들뜨게 만든 거란다. 그렇지 않니? 그것이 영적으로 네게 어떤 도움이 되던?"

"전혀요, 주님. 그것 때문에 늦잠을 잤어요. 오늘 아침만 해도 피곤했어요. 주님, 제가 소설 읽기를 포기하면 저를 다시 만나러 와주실 건가요? 성경이 다시 제게 의미 있는 말씀이 될까요?"

"한번 시험해 보렴."

그 후로 과연 주님은 다시 내게 실재로 다가오셨고, 말씀은 새로운 의미를 지니게 되었다. 나는 성경을 처음부터 끝까지 넘기며 각 장에 표시한 내용들을 보면서 그동안 내가 어떻게 영적으로 성장했는지 알 수 있었다. 한 장 한 장 넘길 때마다 그 순간에 내게 필요한 것들을 채워 주시는 주님의 음성이 마구 들려오는 것 같았다. 특별히 기억나는 구절이 하나 있다.

"산들이 떠나며 언덕들은 옮겨질지라도 나의 자비는 네게서 떠나지 아니하며 나의 화평의 언약은 흔들리지 아니하리라 너를 긍휼히 여기시는 여호와께서 말씀하셨느니라." 사 54:10

나는 오랫동안 이 말씀을 믿고 의지했고 그 말씀은 내게 그대로 이루어졌다.

그렇게 잡지나 단편을 포함한 소설 읽기는 빛을 다했고, 그 후로 약 15년 동안 나는 단 한 번도 연애 소설을 읽지 않았다. 다만 리수랜드에 자주 혼자 있어야 할 때, 여러 가지 어려운 상황에 짓눌릴 때 식사 전에 잠깐씩 독서를 했다. 그것도 대개는 디킨즈나 새커리, 브론테, 배리의 고전들을 읽었다. 이미 예전에 읽었던 책들이라 식사 시간을 넘겨 가면서 보는 일은 없었다. 그저 한 시간 정도 오지에서 벗어나 고향 친구들이 있는 곳으로 마음으로나마 날아가 정신적 휴식을 누렸을 뿐이다.

이런 자기포기가 내게 힘든 일이었냐고? 그렇지 않다. 아침 햇살이 방안 가득히 쏟아지는데 누가 촛불을 그리워하겠는가?

나는 이런 절제에 대한 보상을 넘치도록 받았다.

주님이 다음으로 끄신 작은 불빛은 춤이었다.
맥은 대학에서 열리는 크고 작은 댄스파티에 나를 심심찮게 초대했다. 내가 드레스룸에서 우연히 메리언을 만난 것도 아마 남학생 사교클럽에서 열린 댄스파티에 갔을 때의 일인 것 같다. 메리언은 대학 시절 내내 세속적인 향락을 경계한 나와 같은 과의 크리스천이었다. 우리는 졸업 후 그날 댄스파티에서 처음 만났다.
"어머, 메리언."
나는 놀라서 소리쳤다. 메리언을 이런 데서 만나리라곤 상상도 못했다.
"이소벨 쿤, 지금 나한테 잔소리 하고 싶은 거지?" 그녀는 명랑하고 솔직하게 말했다. "쿤, 바로 너 때문에 내가 오늘밤 이 댄스파티에 온 거 아니? 넌 크리스천이면서도 대학 4년 내내 춤추러 다니며 즐거운 시간을 보냈잖아. 난 차마 그러지 못했는데 말이야. 그런데 문득 나도 그러지 못할 이유가 없다는 생각이 든 거야. 오늘이 그 데뷔 날이고."
당시에는 몰랐지만 결과적으로 그날은 내가 마지막으로 댄스파티에 간 날이 되었다. 그 후로 메리언이 어떻게 되었는지 모르지만 아예 주님으로부터 멀어진 것은 아닌지 걱정된다.

한번은 고등학교 때부터 알고 지내던 과학도 키이스와 춤을 춘 기억도 있다. 무대를 빙글빙글 돌며 왈츠를 추면서 그는 '하나님을 믿는 고루한 사람들'을 무시하는 몇 가지 말을 했다. 그 순간 '지금이 바로 전도할 기회야'라는 생각이 퍼뜩 들었다. 평소에 나는 춤을 즐기는 친구들과 어울리면서 '이래야 이런 애들한테도 그리스도를 전할 기회가 생기지'라는 생각을 했다. 그래서 간절한 마음으로 그에게 말했다.

"키이스, 왜 그런 말을 하는 거니? 나는 하나님을 믿어. 너도 예전에는 믿었잖아."

"그건 세지윅 박사를 만나기 전이고, 과학을 공부하기 전의 일이야." 그는 막힘없이 대답했다. "과학적인 사고를 가지고 살아가는 사람들 중에 더 이상 그런 구닥다리를 믿는 사람은 없어."

"하지만 믿는 사람들이 있어!" 나는 열심히 항변했다. "내가 진심으로 하나님을 찾아봤는데 그분이 계시다는 확실한 증거를 얻었어!"

"무슨 증거?"

그는 코웃음을 쳤다. 나는 어떻게든 설명하려고 했지만 그는 믿으려고 하지 않았다. 도리어 화를 냈고, 우리는 한바탕 웃음거리가 될 때까지 뜨거운 설전을 벌였다. 오케스트라 연주가 끝나고 춤추던 사람들이 각자의 자리로 돌아갔을 때 키이스와 나만 무대에 남아 있었다. 연주가 끝난 것도 모른 채 계속 왈츠를 추면서 말다툼을 벌인 것이었다.

"그만 끝내지, 키이스!" 한쪽에 서 있던 친구가 소리쳤다. "저런 고집 센 여자는 아무도 못 말려. 물러서는 법이 없거든. 생각이라는 것을 할 줄 모르지."

키이스는 자신이 웃음거리가 된 것을 알자 몹시 화를 내며 나가 버렸다. 남자가 용서할 수 없는 단 한 가지가 있다면 그것은 자존심에 상처를 입는 것이다. 나 때문에 사람들 앞에서 망신을 당했다고 생각한 키이스는 그 후로 나와 절교했다. 그를 전도하려고 했던 계획은 실패로 돌아갔을 뿐 아니라 그에게 기독교에 대한 저항감만 한없이 심어 놓았다.

그날 밤 맥이 나를 집에 바래다 주었다. 나는 아무 말 없이 생각에 잠겼다. 주님이 내게 무슨 말씀을 하고 계신 것은 아닐까? 나는 메리언을 방황하게 만든 것으로도 모자라 키이스에게 기독교에 대한 반발심만 심어 주었다. 춤이 뭐라고 이런 사단을 낸단 말인가?

며칠 후 맥에게 전화가 왔다. 4월에 있을 농과대학 댄스파티에 함께 가자는 전화였다.

"맥, 잘 모르겠어." 나는 대답을 슬쩍 피했다. "아직 멀었잖아. 나중에 다시 전화해 주면 안 될까?"

또 다른 댄스파티에 가기 전에 나는 춤 문제를 놓고 기도할 필요가 있었다. 이것은 우연한 사고에 불과할까 아니면 아예 춤을 포기하라는 주님의 말씀일까?

갈피를 잡지 못한 채 한창 괴로워하고 있을 때 전화벨이 다시 울리고 잔잔한 웃음과 함께 낭랑한 목소리가 수화기 저편에서 들려왔다.

"이소벨, 내가 누군지 맞춰 봐요!"

이렇게 매력적이고 기분 좋게 다가올 수 있는 이는 한 사람밖에 없었다.

"위플 부인!"

나는 반가워 소리를 질렀다. 수화기 속에라도 뛰어들어가고 싶었다.

"밴쿠버에 오신 거예요? 우리 만나요."

맥밀란 씨의 하숙집은 조용한 대화를 나눌 만한 장소는 아니었다.

"제가 갈게요. 어디로 가면 되는지 얘기해 주세요."

한 시간이 채 못 되어 나는 월시 씨의 응접실에 들어가서 위플 부인과 마주 앉았다. 이렇게 다시 부인과 마주앉게 되었다는 사실이 정말 놀라웠다! 위플 씨는 부인 옆에 앉아 있었는데, 워낙 과묵한 성격이어서 사람을 사귀는 데 시간이 오래 걸렸다. 그래도 위플 부인은 종종 남편에게 의견을 물었고, 돌아온 대답은 언제나 기다렸다가 들을 만한 가치가 있었다.

"지난 수양회 이후로 어떻게 지냈어요?"

부인은 가볍게 물었다.

"바로 그 점을 말씀드리고 싶어요." 나는 대답했다. "고민이 있거든요. 아주머니가 전화하기 바로 전에 한 친구에게 농과대학 댄스파티에 가자는 전화를 받았어요. 그 자리에서 대답하지 못하고 나중에 확실하게 얘기해 주겠다고만 하고 전화를 끊었는데 어떻게 해야 할지 모르겠어요."

그리고 나서 내가 키이스에게 했던 무모한 일에 대해 털어 놓았다. 위플 부인은 어쩌면 온전히 헌신했다고 생각했던 내가 여전히 세상의 즐거움에 깊이 빠져서 사는 얘기를 듣고 어처구니가 없었을지도 모른다. 하지만 부인은 내색하지 않았다. 내 얘기를 듣고 부인이 충격 받는 모습을 보였더라면 나는 억울했을지도 모른다. 어쨌거나 주님과 주님의 뜻을 열심히 찾는 과정에서 일어난 일이 아닌가? 나는 다만 '부모가 시키는 대로 아무 생각 없이' 행동하기를 거부했을 뿐이었다.

위플 부인은 진지한 얼굴로 남편을 돌아보더니 내게 따뜻한 목소리로 대답했다.

"내가 보기에도 확실히 곤경에 빠진 것 같네요. 이소벨은 지금 두 주인을 동시에 섬기려 하고 있어요. 그러면 고통스러운 결과가 따르는 법이에요. 하나님은 이에 대해 뭐라고 말씀하시는지 한번 볼게요."

부인은 고린도전서 6장 12절을 펼쳐서 읽었다.

"'모든 것이 내게 가하나 다 유익한 것이 아니요.' 이소벨은 지금 타협을 하고 있어요. 무슨 일에서든 그런 태도는 아주 좋지 않아요. 크리스천이 되었다는 사실을 맥에게 말한 적이 있나요?"

"아니요." 신세대 젊은이답게 나는 당연하다는 듯 대답했다. "우리는 그런 일은 하지 않아요. 자신의 종교적인 견해를 다른 친구에게 강요하지 않는 것이 예의잖아요. 저는 누구에게도 그런 얘기를 한 적이 없어요! 그것은 하나님과 관계된 저만의 사생활이니까요."

가엾은 위플 부인! 부인은 뒤틀려도 한참이나 뒤틀린 애송이를 상대하고 있었다! 하지만 부인은 신실하고 성령이 충만한 분이었다.

"이소벨, 그런 것들은 옛 생활의 기준들이에요." 그녀는 부드럽게 말했다. "고린도전서 5장 17절은 '누구든지 그리스도 안에 있으면 새로운 피조물이라 이전 것은 지나갔으니 보라 새 것이 되었도다' 라고 말하고 있어요."

정말 멋진 말씀, 내게 딱 들어맞는 말씀이었다! 나는 즉시 내 성경책을 펴서 같은 자리에 표시를 해두었다.

"그런데 이소벨, 고린도후서 6장 1-17절도 봐요." 존경하는 나의 영적 어머니는 말씀을 이어갔다. "'너희는 믿지 않는 자와

멍에를 함께 메지 말라… 빛과 어둠이 어찌 사귀며… 이와 같이 하나님께서 이르시되… 그러므로 너희는 그들 중에서 나와서 따로 있고.' 이것이 바로 우리가 세상의 일과 세상의 기준으로부터 구별되어야 하는 이유예요. 베드로전서 3장 15절은 우리가 항상 우리 가운데 있는 소망의 이유에 대해 답할 준비가 되어 있어야 한다고 말하고 있어요. 이소벨이 하나님과 동행하며 새롭게 살기로 했다면, 그리스도와 그분이 이소벨에게 하신 일들을 친구들에게 얘기하는 게 마땅해요. 그럴 때 일어나는 영적인 축복들에 깜짝 놀라게 될 거예요."

"저도 키이스에게 얘기하려고 한 걸요."

나는 전도하다가 실패한 기억에 진저리를 치며 투덜거렸다.

"하지만 어디서 그런 얘기를 하려고 했는지 생각해봐요." 위플 부인은 말을 이었다. "이소벨은 타협과 세속의 장소에 발을 딛고 서 있으면서도 친구가 이소벨의 간증에 귀 기울여 주기를 바랐어요. 그런 상황에서 친구가 이소벨의 말을 귀담아 듣지 않은 게 당연해요. 하지만 이제 이소벨이 새 생활을 시작했고, 더 이상 춤을 추지 않겠다고 맥에게 얘기하면 아마 다른 반응을 보일 거예요."

"정말 그럴까요? 한번 해볼게요."

나는 마지못해 대답했다. 젊은이들은 언제나 어른들이 자신들의 마음을 잘 이해하지 못한다고 생각한다. 그 순간 나도 그렇게 느꼈다. 맥에게 있는 그대로 말하는 게 두려웠다. 맥은 내게 정말 친절했는데, 키이스에게 그랬던 것처럼 그에게 상처주기는 싫었다. 그가 나를 싫어하게 될까 봐 겁났다.

다음날 저녁, 맥의 전화를 이제나저제나 하고 초조하게 기다렸다. 마침내 따르릉 하고 전화벨이 울리자 온몸이 오싹해지며 얼어붙는 것 같았다. 나는 이를 악물고 전화를 받았다. 아니나 다를까 맥이었다.

"이소벨, 농과대학 댄스파티에 가기로 한 거지?"

나는 목이 바짝 말라 말하기조차 힘들었다.

"맥, 정말 미안해. 나 얼마 전부터 크리스천이 되었는데 이젠 더 이상 춤추러 다니지 않기로 결심했어. 춤추는 것 자체가 나쁘다고 생각하지는 않아. 하지만 내가 계속해서 춤추러 다니는 것을 하나님이 원하지 않으시는 것 같아. 그렇게 느꼈던 일들이 몇 가지 있었어. 네겐 미리 얘기하지 못해서 미안해! 사실 좀 전까지만 해도 이럴까 저럴까 갈피를 잡지 못했거든."

수화기 저편에서 긴 침묵이 흘렀다. 맥이 들으면 어떡하나 걱정될 정도로 가슴이 쿵쾅쿵쾅 뛰었다. 머리부터 발끝까지 온몸이 부르르 떨렸다.

한참 있다가 맥의 목소리가 들려왔다.

"이소벨, 솔직하게 말해 줘서 고마워. 하마터면 내가 나쁜 사람이 될 뻔했어. 네가 그렇게 생각한다니 더 이상 춤추러 가자고 하지 않을게. 대신에 주일날 대학 졸업예배에 나와 함께 가지 않을래? 같이 가면 좋겠다!"

"정말? 고마워, 맥! 가고말고. 너랑 같이 가고 싶어."

"그럼 그때 데이트하기다. 9시 30분에 전화할게. 잘 있어."

나는 기다시피 하며 방으로 돌아와 침대에 몸을 던졌다. 안도감이 몰려왔다. 위플 부인의 말이 정말 맞았다. 맥은 내가 솔직하게 말해 줘서 고맙다고 했다! 진심인 것 같았다. 내게 즉시 또 다른 데이트를 신청한 것이 그 증거다!

어쩜 주님은 이렇게 일을 하시는지… 정말 멋진 분이지 않은가. 그런데 위플 부인은 이렇게 될 것을 어떻게 알았을까? 아마도 부인은 일반적인 삶의 원리에 대해 알았던 것이리라. 타협으로는 누구에게도 존경받을 수 없지만 솔직한 고백이나 분명한 행동으로는 그럴 수 있다는 사실을 말이다. 구세대는 신세대가 쓰는 새로운 과학 용어를 모두 이해하지 못할지 모르지만 불변하는 삶의 원리에 대해서는 알고 있다. 선대가 물려준 지혜와 경험의 유산을 저버리지 않는 사람이 현명한 젊은이다.

그렇게 춤이라는 작은 불빛은 소멸되었고, 새롭게 떠오르는 태양 빛이 내 삶에 쏟아지면서 언제 그런 불빛이 있었는가 할 정도로 춤은 기억 너머로 사라져 갔다.

이제 단 하나 남은 작은 불빛이 있었으니 바로 극장이었다.

나는 좋은 영화들만 보러 다녔다. 대개는 고전적인 오페라나 건전한 가족 영화들이었다. 이런 것들에 무슨 해가 있으랴 싶었다. 게다가 영화에서 인간의 본성에 대한 많은 것들을 배울 수 있었다.

극장에서 마지막으로 보았던 영화도 산뜻하고 해악적인 요소가 전혀 없는 이야기를 담고 있었다. 그런데 극장에서 넋 놓고 영화를 감상하다가 집에 돌아오자 예전에 읽던 연애소설을 다시 읽고 싶은 마음이 물밀듯 밀려들었다. 영화가 상영되는 내내 흘렀던 음악이 떠오르며 새롭게 감흥이 일어났다. 그러자 다시 기도가 무덤덤해지고 성경이 따분하게 느껴졌다. 어떻게든 주님의 임재를 느껴 보려고 애썼지만 허사였다. 아가서에서 사랑하는 사람이 떠나 버렸다고 말하는 어린 신부가 딱 내 모습 같았다.

"내가… 사랑하는 자를 찾았노라 찾아도 찾아내지 못하였노라."

나중에 다시 이 구절을 읽다가 그것이 온전히 의미하는 바를 알았다. 내가 바로 그랬으니 말이다. 그것도 두 번째로….

"주님, 주님이 제게 돌아오신다면 다시는 극장에 가지 않겠어요. 극장도 주님이 가지세요."

"마음에 사랑하는 자를 만나서 그를 붙잡고… 놓지 아니하였노라."[아 3:4]

주님과의 교제와 바꿔도 될 만큼 가치 있는 것이 세상 어디에 있단 말인가. 나는 그렇게 세 번째 작은 불을 끄고 나서 주님의 날개 아래로 들어가 치유를 받았다. 그러자 마음에 의의 태양이 떠올랐다.

이 마지막 불씨에 다시 불을 붙이고 싶은 마음이 든 적은 딱 한 번 있었던 것 같다. 당시 나는 너무나 외로웠고 나이도 어린 데다 이전까지 많은 또래들과 어울리는 데 익숙한 터였다.

아마도 5월 어느 날 저녁이었을 것이다. 친구들과 몰려다니며 뭐 재미있는 일이 없을까 찾는 것이 젊은이들의 특성이다 보니, 맥밀란 씨 댁의 하숙집 청년들은 영화를 보러 함께 우르르 나갔고 나만 혼자 남아 집을 지키는 신세였다.

"에이, 왜 그래. 이소벨." 그들은 내 손을 끌어당기며 졸랐다. "오늘밤에 볼 영화가 얼마나 건전하고 깨끗한데. 조금도 해롭지 않아. 너처럼 젊은 아가씨가 이렇게 멋진 저녁에 맥없이 집이나 지키고 있겠단 말이야? 어렵게 생각하지 마. 그냥 우리랑 같이 가자!"

인정 많은 친구들이기도 하지. 나 역시 따라가고 싶은 마음이 굴뚝같았다. 향긋한 5월의 공기가 문밖에서 손짓하고 있었다. '그래, 이번 한 번만…' 하며 마음이 넘어가려는 찰나 나는 잭의 눈빛이 흔들리는 것을 보았다.

"자신이 옳다고 생각지 않는 일을 강요하지 맙시다." 그는 조용히 말했다.

그것으로 상황은 종료되었다.

"고맙지만 가지 않을래." 나는 마음을 돌이켰다. "좋은 시간 보내고 와!"

그들에게 일부러 명랑하게 손을 흔들어 보였다. 그러고 나서 무거운 마음을 안고 위층으로 발걸음을 돌렸다. 싸구려 가구가 놓인 칙칙하고 어두운 내 방! 나는 아무도 없어 조용한 빈집에다 대고 소리쳤다.

"주님, 평생 이렇게 칙칙하게 살아야 하는 건가요? 저는 아직 젊다고요! 여자 나이 스물한두 살이 가장 좋을 때인데 연애할 사람이 없어요! 성경공부 말고는 할 게 없어요! 주님, 제발 말씀 좀 해주세요!"

그런 후 나는 성경을 꺼내들고 아무데나 펼쳤다. 펼친 페이지의 말씀들이 눈에 확 들어왔다.

"예수께서 열두 제자에게 이르시되 너희도 가려느냐 시몬 베드로가 대답하되 주여 영생의 말씀이 주께 있사오니 우리가 누구에게로 가오리이까." 요 6:67-68

나는 그 자리에 앉아서 이 조용하고 강력한 질문을 읽고 또 읽었다. 하나님은 내가 예전에 즐겼던 세상의 작은 불빛으로 돌아간다고 해도 내버려 두셨을 것이다. 다만 정말로 돌아가기 전에 다시 한 번 잘 생각해 보기를 원하셨다. 나는 정말로 그것들을 더 좋아했던가? 방금 영화 보러 나간 세 여자들 중에 누구 한 명과 입장이 바뀐다면 어떨까? 아니, 그건 결코 안 될 일이다. 생각조차 하기 싫었다. 믿음 없는 벤의 세상으로 돌아가고 싶다는 게 말이 되는가? 나는 몸서리를 쳤다.

'주님, 어디로 가야 할까요?'

다른 길은 없었다. 저급한 내리막길? 아니, 말도 안 된다. 안개 낀 평지? 여태껏 방황하다 하나님이 구원해 주셔서 겨우 나온 곳인데? 그렇다면 남은 것은 오직 하나, 위로 올라가는 고귀한 길뿐이다.

나는 머리 숙여 회개했다.

"용서해 주세요, 주님. 저는 주님만 원합니다. 부디 제게 평안을 주세요."

그러자 뭐라 말할 수 없이 성스러운 하나님의 임재가 어두운 방을 가득 채웠다. 그 후로 나는 다시는 뒤돌아보지 않았고, 주님과 홀로 교제하는 것이 얼마나 소중한지 깊이 깨닫게 되었다.

토저 박사는 우리 세대가 이런 성스러운 기쁨을 잃어버릴 우려가 있다고 지적했다. 그는 말한다.

우리는 기계 세대의 방법들을 하나님과 우리 관계에 적용하려고 노력해왔다.… 우리는 예배자가 아니라 과학자처럼 사고하는 습관이 있다. 흠모하기보다는 설명하려고 한다.

탐구 searching는 과학적인 과정이지만 그것이 틀에 박힌 것이 되지 않도록 주의해야 한다.

우리는 성경을 한 장 읽고 잠시 묵상하는가 싶으면 이내 끝내 버린다. 어떤 전도 집회에 참석하거나 머나먼 외국에 갔다가 돌아온 종교적 모험가의 스릴 넘치는 이야기를 들으며 우리 내면의 참담한 실패가 만회되기를 바란다.

우리는 예배를 분석하거나 설명할 게 아니라 흠모해야 한다. 베다니의 마리아는 예수님의 발 앞에 앉아서 말씀에 귀 기울이고 그저 사모함으로써 많은 것을 배웠다. 이것이 바로 우리 세대에게 가장 부족한 점이다.

당시에는 몰랐지만 1924년 여름, 아라비아 사막에 홀로 떨어져 있던 것만 같은 시절은 끝났다. 맥은 여름철 일자리를 구하러 다른 지역으로 떠났다. 그가 돌아왔을 때 나는 시카고의 무디성경학교에 있었고, 그 후로 우리는 서로 만난 적이 없다. 떠오르는 태양 빛이 작은 불빛들이 사그라진 자리를 가득 채워 주었다. 그 과정에서 겪은 일들 하나하나가 특별하고 즐거운 발견이었다. 하나님이 나를 위해 마련한 다음 계획은 내 삶을 송두리째 바꿔놓을 어떤 사람과의 만남이었다.

7
리수랜드와 프레이저 선교사

::
통로 옆에 앉아 있던 내 마음은 리수족을 향한 사랑으로
두근거렸다. 리수족에 대한 비전이 머리를 떠나지 않았다.
당시에는 그것을 감히 부르심이라고 말하지 못했지만,
바로 그것이 부르심이었음을 시간이 증명해 주었다.

1923년 퍼스수양회가 끝나고 위플 부인이 내게 「영혼의 성장」이라는 허드슨 테일러의 전기를 빌려 주었다. 당시는 아이삭 페이지 박사 내외가 나를 위해 (내가 중국 선교사로 부르심을 받게 해달라고) 은밀히 오랫동안 기도하고 있다는 사실을 위플 부인은 모를 때였다. 그렇지만 부인은 중국내지선교회의 창립자 허드슨 테일러의 전기에 나오는 대로 하나님을 찾고 시험해 보려는 그의 경험들이 당시 내가 겪고 있던 일련의 과정과 비슷하다고 생각했던 모양이다.
「영혼의 성장」이라는 책을 읽어본 사람은 누구나 그 책이 내게 보물창고와 같다는 사실을 알아보았을 것이다. 물론 허드슨 테일러는 하나님을 찾는 일에 있어 나보다 훨씬 더 깊이가 있었다. 그의 삶과 행실에서 앞으로 내가 어떻게 살고 행해야 할지 분명한 기준을 보았다.

하나님께 기도하는 것만으로 사람을 움직이는 법을 배우라.

이 말은 내가 크게 감명받아 기록해 두었던 많은 금언들 중 하나로서 평생의 축복이 되었다.
그 책을 다 읽고 나서 분명하게 든 생각이 하나 있었다. 허드슨 테일러가 세운 선교회에 들어가고 싶다는 것! 그렇게 조용하지만 뜨거운 열정으로 하나님을 매일 증거하는 사람들과 함께 일하고 싶었다.
「영혼의 성장」을 다 읽은 후에는 계속해서 제2권인 「하나님의 역사의 성장」을 읽었다. 중국내지선교회의 설립에 관한 내용이었다. 이 책을 읽으면서 나는 선교에 대한 부르심을 확신하게 되었다. 이전에도 특정한 장소와는 상관없이 선교 자체에 대한 소명을 느낀 적은 있었지만, 이번에는 중국 여인들의 슬픔과 고통에 대해 읽으면서 마음이 더 크게 움직였다. 가슴 아프다는 것이 무엇인지 비로소 알 것 같았다.

내가 영적으로 어두운 길에서 더듬거리고 있을 때 성경은 손만 뻗으면 언제고 꺼내서 볼 수 있는 내 방 책장에 꽂혀 있었다. 그래서 길을 찾는 것이 쉬웠다. 그러나 그리스도에 대해 한 번도 들어보지 못한 사람들은 어떻게 한단 말인가? 아무리 주님을 따르려고 해도 누군가 가서 그들에게 그리스도에 대해 말해 주지 않는다면 멸망할 수밖에 없지 않은가? 그들이 그리스도를 알게 된다면, 그리스도가 그들을 구원하기 위해 죽으셨음을 알게 된다면 좋을 텐데….

"그런즉 그들이 믿지 아니하는 이를 어찌 부르리요 듣지도 못한 이를 어찌 믿으리요 전파하는 자가 없이 어찌 들으리요."롬 10:14

내가 그들에게 가서 말해 줘야겠다고 생각했다. 그래서 1924년 퍼스수양회에 갔을 때 나는 이미 중국내지선교회에 지원하려는 결심을 굳힌 상태였다.

이번에는 나를 수양회에 초청하기 위해 아무도 새 구두를 포기할 필요가 없었다. 나는 그곳에 참석하기 위해 1년 동안 돈을 모았고, 심지어 운영위원회에 들어가고 싶어서 수양회 기간 동안 안내위원 역할을 지원했다.

내게 의미 있는 그곳에 다시 돌아왔다는 사실만으로도 가슴이 설레었다. 나는 퍼스에 도착하자마자 소중한 추억이 깃든 곳곳을 뛰어다녔다. (지금은 중국으로 돌아간) 에드나 기쉬와 함께 묵었던 숙소, 내가 자주 혼자 가서 기도했던 전나무 숲속의 빈터, 우리 조가 모였던 야외 연단, 커다란 벽난로 앞에서 서로 간증을 나누며 축복된 시간을 가졌던 본관 퍼스 오두막 등 모두 다 그리웠던 곳이었다.

내가 마지막으로 찾아간 곳은 오래된 퍼스 오두막이었다. 벅찬 마음으로 오두막 문을 벌컥 열고 들어갔다. 그 안에 누가 있는지 없는지 확인할 겨를도 없었다. 그런데 이크, 안에 누군가가 있었다. 한 중년 신사가 홀로 그곳에 앉아 있었다. 내가 깜짝 놀라자 그는 미소를 지어 보였다. 나는 얼른 뒷걸음질로 나오며 사과를 했다.

"노총각인가 봐." 나도 모르게 중얼거렸다.

그 사람이 미혼이라는 사실을 어떻게 알았는지는 모를 일이다. 그의 눈에서 뭔가 외롭고 허전한 빛을 보아서 그랬을까? 어쨌든 나는 속속 도착하는 다른 이들을 반갑게 맞이하고 분주하게 음식을 나르는 일에 빠져서 금세 그를 잊었다. 좀 전에 내가 하나님께서 나를 위해 계획하신 소중한 남편의 영적 길잡이가 되어줄 분을 만났다는 사실은 꿈에도 몰랐다.

정말 놀랍게도 저녁 집회 때, 그 오두막에 홀로 앉아 있던 '노총각'이 수양회의 주 강사로 소개되는 모습을 보았다. 그는 중국내지선교회 소속의 J. O. 프레이저 선교사였다. 이전에 들어본 적이 없는 이름이었고, 다른 사람들도 그에 대해 잘 알지 못하는 것 같았다. 그를 소개하던 위플 씨조차 이 영국인이 런던 대학의 전기공학과 우수 졸업생이고 뛰어난 피아니스트라는 사실을 몰랐던 것 같다. 우리 눈에 그는 평범한 선교사로 보였고, 말이나 행동 어디에도 특별한 은사가 있어 보이지는 않았다. 그는 연단 앞으로 나와 자신이 어떻게 해서 중국내지선교회의 파송을 받아 중국에서도 가장 깊숙한 오지인 미얀마와 윈난성 국경 지대에 가게 되었는지 담담하게 이야기했다.

그는 수년 동안 그곳에서 중국인들과 함께 살며 사역했다. 그러다가 전혀 중국인처럼 보이지 않는 사람들이 시장에 오는 것을 자주 보게 되었다. 그들은 자기들끼리 말할 때는 중국어를 사용하지 않았고 행색도 중국인 차림이 아니었다. 터번을 두르고 고유 의상을 입었는데, 특히 여자들은 색깔이 아주 다채로운 옷에 개오지조개와 은팔찌로 단장을 했다. 그들은 시장에서 거래할 때 쓰는 중국어를 약간 알고 있었다.

덕분에 프레이저 선교사는 그들이 살윈 강 주변의 협곡에 사는 리수족이라는 사실을 알아냈다. 그들은 주 예수 그리스도에 대해 한 번도 들어보지 못한 부족이었고, 그들의 언어는 문자로 표기된 적이 없었다. 그들은 완전히 문맹이었다. 더욱이 그들은 중국인들처럼 우상 숭배자가 아니라 귀신을 섬기는 정령 숭배자들이었다. 하나님이 그들에게 복음을 전하기 위해 자신을 부르셨다고 프레이저 선교사는 말했다.

수양회 기간 내내 저녁 집회 때마다 연단에 오른 프레이저 선교사는 리수 부족 안에서 자신이 어떻게 선교를 했는지 얘기 보따리를 하나씩 풀어 놓았다. 한날 저녁에는 한없이 높고 깊은 산골짜기에 흩어져 있는 작은 마을들을 오르내리며 순회 설교했던 얘기를 해주었다.

우리는 손에 땀을 쥐며 그 얘기를 들었다. 그는 또한 언어 장벽에 대해 얘기했다. 연기가 자욱하고 손바닥 같이 비좁은 움막에서 어떻게 그곳 사람들과 함께 살며 그들의 언어를 배웠는지, 그것을 어떻게 문자로 옮겼는지 그리고 두 동료들과 함께 '프레이저 문자'라는 표기 양식을 만들게 되었는지도 얘기해 주었다.

다음날 저녁에는 평생 까막눈으로 살아온 어른들을 모아 글을 가르치는 게 얼마나 참을성이 필요한 일인지 눈앞에 펼쳐 보이듯 생생하게 전해 주었다. 프레이저 선교사는 유머도 풍부했다. 머리가 굳어서 아무것도 기억할 수 없다던 나이든 여인네들이 프레이저 선교사의 꾐에 넘어가 15년 전 자녀들에게 일어났던 시시콜콜한 일들마저 늘어놓은 이야기는 정말이지 재미있고 감동적이었다. 우리는 그 아주머니들을 사랑하게 되었다.

또 다른 날 저녁에는 하늘에서 벌어지는 영적 전쟁에 관한 얘기를 해주었다. 그가 리수족과 함께 살며 겪은 고생은 말로 표현할 수조차 없었다. 게다가 그들에게 글로 된 문자까지 만들어 주지 않았는가. 그럼에도 회심한 사람은 극소수에 불과했고 그마저도 오락가락 하는 상태였다. 전도에 진전이 없자 프레이저 선교사는 영국에 있는 어머니에게 편지를 써서 이웃들과 함께 중보기도를 해달라고 부탁했다. 그렇게 시작된 기도 모임에서 간절히 기도한 직후에 리수족이 깨지는 역사가 일어났다. 당시 현지에 있던 그는 리수족을 사로잡고 있는 악령과 그의 무리들을 그리스도의 이름으로 대적하라는 인도하심을 받았다.

그의 이야기를 듣고 있자니 리수족의 교회가 기도의 진통 속에서 탄생했다는 사실이 너무도 쉽게 이해되었다. 그러면서 나 또한 "모든 기도"라는 무기를 사용해야겠다고 결심했다.엡 6:13-18 이 기도는 아주 효과적이고 누구나 쓸 수 있는 것이었다. 그 순간 나는 "모든 기도"를 평생 본받을 기도로 받아들였고, 그럴 수 있었던 것에 언제나 감사한다.

또 다른 저녁에는 추수의 기쁨에 대해 배웠다. 그는 우리를 이끌고 여행을 다니는 것 같았다. 설명이 워낙 생생하다보니 청중들 모두가 아예 살윈 강 주변의 협곡에 가 있는 느낌이었다.

그곳에서 프레이저 선교사는 튀는 옷차림 때문에 설교가 막히지 않게 하려는 의도로 중국인 노동자 차림을 하고서, 리수족 짐꾼이나 안내인과 함께 산지 마을로 향하는 가파른 길을 오르고 있었다. 마을에 도착한 그는 손을 입에 대고 소리쳐 리수족을 부른다.

"마파 치 라오!"(남자 선생이 도착했다!)

그 소리가 울려퍼지면 가장 먼저 마을의 개들이 전부 뛰쳐나온다. 곧이어 문들이 쾅쾅 열리며 화사한 옷차림의 여인들이 즐거운 듯 떠들면서 여기저기서 나타나고, 마을 남자들도 쏜살같이 달려나와 거리의 소란스러운 개들을 쫓아 버린다. 크리스천인 그들이 악수를 하기 위해 길게 줄을 서면, 키 큰 선교사가 줄을 따라 차례로 악수를 나눈다. 줄 서 있던 여인들은 선교사와 악수를 하면서 환영의 표시로 그의 손에 달걀을 하나씩 쥐어 준다. 그들은 선교사가 달걀을 좋아한다는 것을 알고 있었다. 그래서 선교사는 마을을 방문할 때마다 환영 달걀을 담을 가방을 어깨에 메고 다녀야 했다!

프레이저 선교사는 예배당 뒤편에 마련된 선지자의 방에 대해서도 얘기해 주었다. 그 방은 백인의 기이한 특성, 즉 때때로 혼자 있고 싶어 하는 특성을 알게 된 크리스천 마을 주민들이 그를 위해 지어준 곳이었다.

"세상에나… 그 선교사는 혼자 있는 걸 좋아한대요. 희한하지 않아요? 어쩌면 피부색 때문에 그런 건지도 몰라요. 하여간 그가 혼자 있기 원한다면 그렇게 해줍시다."

덕분에 그는 각 마을마다 그만의 작은 '선지자의 방'을 가지게 되었다고 한다.

마을에서 세례 문답식을 하던 때 일어난 일도 들려 주었다. 선교사가 세례 받을 후보자의 이름을 부르려고 하자 그 사람이 자기 앞에 나와서는 다짜고짜 바닥에 엎드리더니, 새로 알게 된 구세주께 틀리지 않고 대답하여 이 엄숙한 결단식을 실수 없이 치를 수 있게 도와주십사 기도했다는 것이다.

이런 이야기들이 꼬리에 꼬리를 물고 이어졌다.

수양회 마지막 날 밤, 프레이저 선교사는 헌신된 더 많은 사람들이 필요하다는 얘기를 했다. 궁핍함과 외로움을 마다하지 않고 선교사로 헌신할 젊은이들이 아쉽다고 했다.

통로 옆에 앉아 있던 내 마음은 리수족을 향한 사랑으로 두근거렸다. 마음속으로 기도했다.

"주님, 제가 가겠습니다. 비록 남자는 아니지만요."

리수족에 대한 비전이 머리를 떠나지 않았다. 당시에는 그것을 감히 부르심이라고 말하지 못했지만, 바로 그것이 부르심이었음을 시간이 증명해 주었다.

그해 여름 아버지도 나와 함께 퍼스수양회에 참석하셨다. 아버지는 우연히 프레이저 선교사와 같은 숙소를 사용하게 되었다. 놀랍게도 아버지는 프레이저 선교사에게 8월에 중국행 배를 타기 전에 빅토리아의 우리 집에 와서 일주일 동안 머물다가면 좋겠다고 청했다. 그해 여름 우리는 오크 만에 집을 한 채 빌렸는데 근처에 해변이 있고 마침 손님방도 있었다.

아버지가 호기롭게도 어머니와 한 마디 상의 없이 프레이저 선교사를 집에 초대한 사실이 더 놀라웠다. 그 당시 어머니와 오빠 둘 다 내가 중국 선교사가 되는 것을 반대하고 있었기 때문이다. 어머니는 내가 국내에서 기독교 단체에 들어가 일하는 것에 만족하기를 바라셨다. 그런 차에 집에 중국내지선교회의 선교사를 들이는 것이 썩 달갑지 않았을 것이다.

하지만 나는 선교에 대해 프레이저 선교사와 개인적으로 얘기할 기회가 생길지도 모른다는 생각에 설레었다. 그해 가을에 무디성경학교에 입학하고 싶은 소망도 있었다. 그러나 그러자면 넘어야 할 장애물이 너무 많았다. 가끔은 그 장애물들이 나를 막으시려는 하나님의 뜻이 아닐까 하는 의심까지 들었다. 게다가 나는 어머니의 하나밖에 없는 딸이었다. 그 사실이 그렇게 중요한 것인지는 잘 모르겠다.

나는 리수족에 관한 얘기를 저녁마다 들으면서 이 무명의 선교사야말로 하나님의 위대한 사람이라는 생각을 하게 되었다. 연단에서 설교하는 능력이야 봐서 알아도 그 밖의 은사들은 알 길이 없었지만, 그는 분명히 주님과 가까이에서 동행하고 있었다. 수년 후 나보다 판단력이 더 탁월한 많은 사람들이 그를 그 세대의 가장 영적인 인물 중 하나로 꼽은 것을 알고는 얼마나 감격스러웠는지 모른다. 그는 작고한 지 한참 후에 하워드 테일러 부인이 쓴 「산지를 넘어」라는 책의 주인공이 되었다.

프레이저 선교사는 우리 집에 오고 나서 소탈하고 친절한 태도로 어머니와 오빠의 호감을 샀다. 어머니는 결혼 전에 음악가로 활동하면서 작곡을 했고 때로는 작사도 하셨다. 하지만 곡의 출판을 의뢰할 때마다 매번 거절을 당하셨고 결혼과 함께 일을 그만둔 후로는 음악을 할 기회가 없었다. 그런데 프레이저 선교사가 돌연 피아노 앞에 앉아 연주 솜씨를 보인 것이 어머니와 금세 친해지는 계기가 되었다. 어머니는 그의 음악에 매료되었다. 두 사람은 음악에 관해 얘기를 나누었는데, 어머니는 그가 지도받은 선생들의 이름을 듣더니 런던 최고의 권위자들이라고 감탄하셨다.

그 와중에 나는 내 문제를 털어 놓을 기회를 엿보고 있었는데 주말이 되어서야 그런 기회가 찾아왔다. 프레이저 선교사가 해변을 보고 싶다고 해서 안내를 자처하고 나섰던 나는 오후에 그를 데리고 해변으로 나갔다. 해변에 우리 둘만 있게 되자 나는 곧 선교의 부르심에 대해 얘기를 하고 싶다고 털어 놓았다.

우리는 바위가 드문드문 있는 해변의 모래사장에 앉아 얘기를 시작했다. 결코 잊을 수 없는 순간이었다.

"선교사 생활은 아주 고독한 겁니다."

그는 나지막이 말하고는 자신이 선교 초기에 겪었던 고통들에 대해 죽 얘기했다. 지금 생각해 보면 그가 나에 대해 좀 더 알아보려고 떠본 것 같기도 하다. 내가 정말 하나님께 부르심을 받았다면 희생을 치러야 한다는 솔직한 얘기에 낙담하지 않을 테고, 하나님께 부르심을 받지도 않고 그저 외국생활에 대한 감상적인 착각에 빠져 있는 거라면 어차피 깨질 꿈 하루라도 더 빨리 깨지라고 한 소리였을 것이다.

하지만 그는 자신도 알지 못하는 사이에 자신의 삶을 드러내 보이고 있었다. 실제로 지난 선교 생활을 돌아볼 때는 내가 옆에 있다는 사실조차 잠시 잊은 것 같았다. 청회색 눈동자는 햇살에 반짝거리는 바다를 물끄러미 바라보고 있었다. 그는 독백을 하는 듯 했다. 그 눈은 인간이 맛볼 수 있는 모든 슬픔과 외로움을 알고 있는 것 같았다. 그 눈은 '질고를 당한' 슬픈 눈동자였으나 결국 승리할 것을 알기에 흔들림이 없었다.

나는 어머니가 나의 부르심에 대해 의견이 다를 뿐 아니라 심지어 반대한다는 얘기를 했다. 그는 곰곰이 생각하는 듯 천천히 대답했다. 사실 그는 마음만 먹으면 누구보다 더 말을 빨리 할 수 있는 사람이었다.

"사탄이 어머니와 오빠를 통해 당신과 사역을 방해하고 있다는 생각이 듭니다. 우리는 마귀가 만들어낸 장애물에 부딪힐 때 '맞서 대적하라고' 배웠습니다. 당신에게 그런 마음가짐이 필요합니다. 기도로 마귀에게 맞서세요. 다만 자기도 모르게 일시적으로 마귀의 도구가 된 사람들을, 디모데후서 2장 24절 말씀과 같이, 잘 대해줘야 한다는 사실도 늘 잊지 말고요. 저는 이런 경우에 늘 다음과 같은 기도를 정해놓고 드리곤 합니다. '주님, 이 어려움이 주님으로부터 온 것이라면 받아들이겠습니다. 하지만 사탄으로부터 온 것이라면 갈보리의 이름으로 그 자와 그 자의 모든 일들을 거부합니다.' 물론 효과가 있었어요."

그 후로 나는 평생 이 기도문을 사용했고, 이 기도에 담겨 있는 바를 전심으로 순종하고 따랐을 때 기도가 어긋난 적이 단 한 번도 없었다.

프레이저 선교사는 다시 깊은 생각에 잠긴 듯 바다를 바라보다가 이렇게 덧붙였다.

"당신이 중국에 갈 수 있을지 걱정스럽군요. 나이도 아직 어리고 넘어야 할 큰 장애물이 많습니다."

그는 잠시 생각하더니 무슨 말을 할지 분명해진 듯 말하기 시작했다.

"무디성경학교에 들어간 후에도 사탄은 어떻게든 당신을 거기서 끌어내리려고 할 겁니다. 이를테면 어머니가 몹시 위독하니 즉시 집으로 돌아오라는 전보가 올 수 있습니다. 설령 그런 일이 생겨도 전보를 받은 즉시 떠날 수는 없을 겁니다. 일단 짐을 싸고 표를 사야 하는데 그러자면 시간이 걸리니까요. 이곳이나 밴쿠버에 그런 일을 편견 없이 분별해낼 만큼 경건하고 당신이 믿고 따를 수 있을 만한 크리스천이 누가 있습니까?"

"중국내지선교회 지역 총무인 찰스 톰슨 씨가 계세요." 나는 대답했다.

"바로 그런 분입니다." 그는 얼른 말을 받았다. "나중에라도 그런 전보를 받게 되면 즉시 톰슨 씨에게 전화를 해서 어머니의 정확한 상태를 알아봐 달라고 부탁하세요. 짐을 다 쌌을 즈음에 회신이 올 겁니다. 그러면 주님이 당신을 어디로 이끄시는지 좀 더 분명하게 보이겠지요."

나는 감탄하며 그의 얘기를 들었다. 더구나 그 예언이 얼마 지나지 않아 그대로 이루어질 것을 알았다면 훨씬 더 놀랐을 것이다.

"신령한 자는 모든 것을 판단하나." 고전 2:15

보람 있는 오후였다. 덕분에 아직 굳지 않은 한 청년의 삶에 평생 가져갈 기준과 이상이 새겨졌다. 잠깐의 만남이었지만 하나님 안에 감추어진 삶과 그에 따른 대가, 그 향기와 능력에 대해 깊이 생각해 보는 기회가 되었다.

8
무디 성경학교

::
길가 반대편의 벽에 머리를 대고 잠을 청하자니 내가 여기서 무얼 하고 있나 하는 생각이 들었다. 그러나 다음 순간 천국에 온 듯한 느낌을 받았다. 저녁 전도를 마치고 돌아온 노방 전도단의 노래가 들리기 시작한 것이다.

시카고에 있는 무디성경학교 성경선교과에 입학했다. 1924년 9월 3일의 일이다. 이것은 정말이지 기대하거나 계획했던 일은 아니었다. 평소에 애국심이 강한 캐나다인이라는 자부심이 있어서 선교 훈련을 받으러 미국까지 갈 생각은 없었다. 게다가 엘리스 교수를 몹시 존경한 나머지 선교사 훈련을 받기 위해 밴쿠버성경학교 말고는 달리 알아볼 생각은 아예 하지도 않았다. 그러나 그것은 주님이 주관하시는 일이었다.

1924년이 되고 한참이나 지나도록, 나는 어느 성경학교에도 갈 만한 학비를 마련하지 못하고 있었다. 이런 사실을 부모님과 다른 한 사람밖에는 아무에게도 말하지 않았다. 하지만 하나님은 놀랍게도 그 한 사람을 통해 예전에 퍼스에서 알게 된 마조리 해리슨 양을 만나게 해주셨다. 마침 그녀는 그동안 저금해온 약간의 돈을 어떻게 쓸지 하나님께 여쭤보고 있었는데, 우연히 내가 중국에 나갈 훈련을 받기 위해 자금이 필요하다는 얘기를 들었다고 했다.

마조리 양은 내게 무디성경학교를 추천해 주었는데, 그것도 주님의 인도하심이었다고 나는 확신한다. 마조리 양 자신도 로스앤젤레스성경학교의 졸업생이었고, 내가 살고 있는 밴쿠버에도 성경학교가 있다는 사실을 알고 있었다. 그럼에도 대륙을 가로질러 먼 시카고로 나를 보내기로 한 것이었다. 무디성경학교는 미국에서 가장 큰 성경학교로서 거기를 졸업하면 다양한 기독교 사역을 할 수 있는 기회가 주어졌다. 그곳은 생각했던 것 이상으로 내게 꼭 맞는 학교였다.

마조리 양은 자신이 후원할 수 있는 돈이 얼마 되지 않아서 시카고 행 기차표는 끊어줄 수 있어도 돌아오는 차비는 도울 수 없다고 설명했다. 또 1년 치 숙식비는 댈 수 있어도 그 외 경비는 댈 여력이 없다고 했다. 그마저도 1년 후에는 아예 도움을 줄 수 없다고 했다.

무디성경학교에는 학생들에게 적절한 일자리를 찾아주는 취업소개소가 있었다. 그러므로 나머지 것들은 주님을 의지하며 스스로 해결을 해나가야 했다. 내가 과연 그럴 수 있을까?

오직 기도를 통해 하나님께서 필요한 것을 채워 주셨음을 간증하는 허드슨 테일러의 책을 읽고 도전을 받은 터라 앞으로 내가 계속해서 하나님을 찾을 수 있다는 사실에 가슴이 설레었다.

마침 그때 오빠도 사업차 시카고에 갈 일이 생겨 우리는 함께 길을 나섰다. 아이삭 페이지 박사가 역에 마중을 나와서 나를 학교에 데려다 주었다. 그분 말고는 이 크고 정신없는 대도시에서 내가 아는 사람이라고는 단 한 명도 없었다. 당시 페이지 박사는 중국내지선교회 중서부 지역의 책임직을 맡아 시카고로 이사 와서 살고 있었다.

학교에 등록하는 첫날, 이 사무실 저 사무실을 기웃거리며 다니느라 정신이 하나도 없었다. 어찌어찌해서 하루해가 다 가고 나니 온몸이 녹초가 되었다. 나는 1인실보다는 방값이 싼 2인실을 쓰기로 했는데 유럽 출신에 억양이 강한 낯선 아가씨가 룸메이트가 되었다. 가구들은 검소했고 건물은 대로변에 붙어 있었다. 우리 방은 1층 앞쪽이어서 창문 아래로 지나는 행인들이 다 보였다. 담장 없는 집에서 살아본 적이 없었기 때문에 그런 방에 있자니 꼭 한길에 나 앉아 있는 느낌이었다.

피곤함과 외로움이 몰려왔다. 문득 고향집이 그리워졌다. '앞으로 2년 동안 이런 생활을 견딜 수 있을까?'

그때 버스 한 대가 덜컹거리며 정류장에 서는 소리가 들렸다. 길가 반대편의 벽에 머리를 대고 잠을 청하자니 내가 여기서 무얼 하고 있나 하는 생각이 들었다. 그러나 다음 순간 나는 천국에 온 듯한 느낌을 받았다. 저녁 전도를 마치고 돌아온 노방 전도단이 버스에서 내리면서 노래를 부르기 시작한 것이다.

우리 갈 길 다가도록
주님 그 길 더욱 환히 비춰 주시네.
모든 날 지나기까지
주님 그 길 더욱 환히 밝히시네.

아름답고 낭랑한 사중창이 가슴에서 우러난 뜨거운 믿음을 노래하고 있었다. 노래를 듣는 내내 가슴이 벅차올랐다.

"오, 주님" 나는 벅찬 마음을 누르며 기도했다. "감사합니다! 감사합니다! 방이 길 쪽으로 나 있는 게 이런 좋은 점이 있군요. 제 또래 믿음의 친구들과 함께 사역하고 영혼의 승리를 향해 달려가며 찬양할 수 있다는 것 말이에요. 주님, 감사합니다!"

나는 주님의 임재를 깊이 느끼며 기분 좋게 침대에 올라가 잠이 들었다.

그런데 더 반가운 일이 기다리고 있었다.

다음날 학생처에서 전화가 왔다.

"밀러 양, 방금 벨링엄에서 도착한 릴리안 벨링턴이라는 학생이 밀러 양과 한 방을 쓰고 싶어 합니다. 어떻게 하시겠어요?"

"어머!" 나는 소리쳤다. "릴리안이 정말 이곳에 왔어요? 네, 그러고 말고요. 릴리안과 한 방을 쓰게 되어 정말 기뻐요. 우리는 퍼스수양회에서 만난 사이예요. 고등학교 교사지요."

"네, 알겠습니다." 학생처 직원은 대답했다. "그렇다면 지금 묵고 있는 기숙사 방을 바꿔야 합니다. 벨링턴 양은 랜섬 홀 건물 3층 303호이거든요. 되도록 빨리 짐을 옮기고 다른 학생이 들어올 수 있도록 방을 정리해 주세요. 이사 준비가 끝나면 저희에게 알려 주시고요."

랜섬 홀 303호는 전날 잤던 방보다 훨씬 더 크고 길에서 떨어져 있어 아늑하고 조용한 것이 어느 모로 보든 더 마음에 들었다. 무엇보다 퍼스수양회에서 만난 친구와 방을 함께 쓴다는 점이 좋았다. 지난 여름에 봤을 때부터 그녀의 상냥한 얼굴이 마음에 들었다. 그녀와 나는 그렇게 2년 동안 사이좋은 한 방 친구로 지냈다. 옆방 304호에는 스코틀랜드에서 온 앤 바르라는 여학생이 있었다(훗날 내 딸도 같은 이름을 쓰게 되었다). 인정이 아주 많은 엘라 디켄이라는 미국 학생도 있었다. 엘라는 당시에는 몰랐지만 장차 내 인생에서 아주 큰 역할을 하게 된다.

무엇보다 벨링턴과 이렇게 만나게 되다니 정말 기뻤다! 나는 벨링턴이 짐 푸는 것을 도왔다. 그 친구의 가방에서 예쁜 커튼과 트렁크 덮개, 레이스 스카프 등 내게는 없는 물건들이 줄줄이 나오는 것이 신기했다. 덕분에 우리 방은 금세 아가씨의 방답게 화사해졌다. 예쁜 것을 좋아하는 나로선 고마운 일이 아닐 수 없었다.

수백 명의 학생들이 한 자리에 앉아 한꺼번에 식사를 하는 것은 일종의 모험이다. 왁자지껄한 대화 소리와 온갖 식기들이 부딪히는 소리가 뒤섞인 거대한 공간 속에서 식사하는 장면을 상상해 보라. 한 식탁에 열두 명씩 앉는데 남학생은 이편에 그리고 여학생은 저편에 따로 떨어져 앉았다. 졸업반 학생 한 명과 그 아래 학년 한 명이 식탁 양 끝자리에 앉고 나머지 학생들은 매일 자리를 바꿔야 했다. 각 식탁에 배정된 두 학생이 그날의 음식을 나르고 접시에 옮겨 담았다.

어느 날 나는 익힌 채소 요리를 나르려고 줄을 서 있었다. 종이 울리자마자 음식 배분이 시작될 테지만 내 순서가 오기까지는 조금 기다려야 했다. 나는 서서 리수족에 대해 생각하고 있었다. 그러다 문득 또 다른 몽상가와 눈이 마주쳤다. 식기 세척기를 돌리는 청년이었다. 허락을 받고 말고 할 것도 없이 문득 다른 사람의 영혼 안에 들어가 버린 자신을 발견하고는 화들짝 놀라게 되는 그런 만남 중 하나였다.

우리는 서로 당황했고 얼른 다른 곳을 쳐다보며 아무렇지 않은 척 했지만 이미 그것은 벌어진 일이었다. 그 후로 설거지하는 그 청년을 나는 의식하게 되었다. 그가 주방에서 전업으로 일하는 직원인지 아니면 아르바이트 학생인지는 몰랐다. 당황스러운 것은 그가 자꾸 신경이 쓰인다는 점이었다.

무디성경학교에 다니는 동안에는 남자친구를 사귀지 않겠다고 일찌감치 결심한 터였다. 남자친구를 사귀면 아무래도 마음이 흐트러질 테니 말이다. 나는 이곳에서 지내는 2년을 오롯이 평생의 사역을 준비하는 기간으로만 쓰기로 했다. 그래서 식당에 들어설 때마다 제일 먼저 청년이 있는지 없는지부터 살피는 나 자신에게 몹시 짜증이 났다. 그 청년의 이름이 뭔지, 무엇을 하는 사람인지 궁금했지만 일부러 묻지 않았다. 하지만 수시로 그의 곁을 지나며 접시를 나를 때면, 그가 나의 이름과 나에 대한 모든 것을 알고 있다는 생각이 들었다.

그 생각은 맞았다. 식기 세척기를 돌리던 청년은 나에 대해 다 알고 있었다. 하지만 내게 말을 건 적은 없었다. 그 점이 감사했다. 그 청년 역시 무디성경학교에 오면서 공부에 방해받지 않기 위해 여자들과 전혀 어울리지 않겠다고 맹세한 사실을 몰랐다! 그런 그의 눈에 갈색 백조 깃털 장식을 단 초록 블라우스의 여학생이 들어온 것이다.

입학한 지 얼마 되지 않아 페이지 박사 내외의 저녁식사에 초대를 받아 그분의 아파트에 갈 기회가 생겼다. 페이지 박사는 아버지의 오랜 친구 분이었고, 나는 어릴 적부터 그분을 '아빠'라고 불렀다.

내가 외투를 벗자 박사님은 주방에 가서 부인을 도와야 한다고 양해를 구한 후 그 사이에 무디성경학교와 학생들의 지난 사진을 보라며 사진 다발을 꺼내셨다. 사진을 훑어보는데 문득 눈에 확 들어오는 사진이 한 장 있었다. 어떤 여학생의 사진이었는데 아름다울 뿐 아니라 성품도 참해 보였다.

"어머." 나는 주방 쪽에다 대고 소리쳤다. "이 사진의 주인공은 누구예요? 참 예쁘게 생겼어요. 이 학생도 무디성경학교에 다니나요?"

페이지 박사는 어깨 너머로 사진을 보면서 말했다.

"아, 그 사진 말이구나. 그래, 이소벨. 참 예쁘게 생긴 여학생이지. 이름은 캐슬린 쿤이란다. 이번에 졸업하고 휘튼대학에 갔어. 너도 캐슬린을 한번 보면 좋을 텐데. 캐슬린 오빠가 여기 성경학교에 다니고 있단다."

"아, 그래요?"

나는 아무렇지 않게 대답하고는 얼른 화제를 바꾸었다. 속으로는 '오빠라는 사람이 캐슬린과 닮았다면 거리를 두는 게 좋겠어. 학교에 다니는 동안 남녀가 동석하는 어떤 파티에도 가지 않겠다고 다짐했잖아' 라고 생각했다.

나는 신입생 환영회만 빼고는 이성이 함께하는 어떤 파티나 야유회도 조용히 거절했다. 적어도 첫 학기에는 그랬다. 하지만 2학기가 되고 나서 이렇게 뒤로 빼보았자 모두 부질없다는 사실을 깨달았다. 식당에서 만났던 접시닦이 청년이 바로 캐슬리 쿤의 오빠라는 사실을 알았기 때문이다!

아파서 휴학한 한 학기를 포함해 2년 4개월 동안 무디성경학교에서 공부하면서 그 기간에 어떤 축복을 받았는가만 나누어 보겠다.

제임스 그레이 박사가 당시 교장이었는데 나는 그분이 맡은 반에 들어가는 특권을 누렸다. 로버트 제이더 퀴스트 박사가 맡은 성경 분석 시간이 단연 즐거웠다. 훗날 그것을 토대로 우리 성경학교 학생들과 함께 베드로전후서를 해석해서 리수교회에 전해 주었다. 그때 쓴 것이 지금도 사용되고 있다.

앨버트 맥크리 박사는 내가 가장 좋아하는 비교종교학 교수 중 한 명이었다. 온화하고 그리스도를 닮은 그의 삶은 보는 것만으로도 은혜였다.

로버트 홀 글로버 박사는 매주 선교에 대해 도전하고, 다른 반의 수업도 청강할 수 있도록 해주었다. 선교에 대한 그분의 뜨거운 열정으로 내 마음속의 선교에 대한 열정을 계속 불태울 수 있었다.

탈미지 J. 비티코퍼는 중창과 지휘법을 가르쳐 주었는데, 나는 그것을 리수교회에서 열심히 활용했다. 학생들 모두 비티를 좋아했고 마음을 담아 부르는 그의 노래는 듣는 이의 심금을 울렸다.

그런 와중에 무디성경학교에서 내게 가장 도움이 되었던 것은 프랜시스 C. 앨리슨 교수가 내준 실습 과제들이었다. 매주 한 가지 혹은 그 이상의 과제를 완수해 와야 했다. 과제들은 학기마다 달라져서 학생들은 저마다 다양한 체험을 할 수 있었다. 이를테면, 유태인들이 있는 곳에서 노천집회를 열라는 과제도 있었는데, 그것은 곧 썩은 달걀과 토마토 세례를 받게 된다는 것을 의미했다. 그런 날이면 가진 옷 중에서 가장 낡은 옷을 입고 나가야 했다. 한번은 유태인들에게 전도를 하러 나갔다가 돌아오는 길에 공격을 당한 적도 있었다.

주일학교 수업이나 병원, 교도소 방문 등은 가장 수월한 편에 속했는데, 주님은 친절하게도 내게 이런 과제부터 맡기셨다. 사역 실습과에서 받은 쪽지를 펴보니 이탈리아인들이 모여 사는 빈민지역에서 일주일 동안 주일학교 교사를 하라는 과제가 주어졌다. 830동 10호실의 에델 톰슨 선배 밑에서 일을 하게 되었는데, 즉시 그녀에게 가서 지도를 받게 되었다는 얘기를 전하라는 내용도 쓰여 있었다.

　무디성경학교에 갓 들어온 신입생이 830동 건물의 계단을 뚜벅뚜벅 올라가 선배가 묵고 있는 방 앞에 다가가 이제 막 노크를 하려는 모습을 생각해 보라. 톰슨은 어떤 선배일까? 내가 빈민지역에 가서 주일학교 교사 일을 잘할 수 있을까? 마음을 다잡고 톰슨 선배의 방문을 두드릴 때 가슴이 얼마나 쿵쾅거렸는지 모른다. 이윽고 문이 열리고 나는 방 안으로 들어갔다. 여태껏 수줍음 때문에 피해 왔던 일, 곧 영혼을 구하는 일에 바야흐로 뛰어드는 순간이었다.
　문이 살짝 열리고 30대 초반으로 보이는 한 가냘픈 여성이 내 이름을 듣더니 바로 남부식의 부드럽고 느릿한 목소리로 맞아들이며 자리를 권했다. 그녀는 말했다.
　"먼저 우리가 맡은 과제에 대해 얘기하는 게 좋겠죠? 우리는 이탈리아인 주거지역의 교회나 지역센터에서 일하게 될 거예요. 그곳 담당 목회자는 세상 돌아가는 일에만 관심 있고 툭하면 주일 저녁이나 주중에 댄스파티를 연다는군요. 이 점이 우리에게 가장 큰 문제이자 실망스러운 부분이에요. 하지만 주일에는 우리가 주일학교의 초등부를 책임질 텐데, 그 시간에 아이들에게 맘껏 복음을 전할 수 있어요. 그곳 사람들은 우리가 어린 애들에게 무슨 '해'를 끼칠 거라고는 전혀 생각지 않으니까요.

주중에는 공동주택에 사는 각 가정을 방문해서 메시지를 전할 거예요. 사람들은 물론 대부분이 가난하고 로마가톨릭 신자들이지요. 그래도 그리스도에게 돌아온 사람들이 몇 명 있기는 해요. 개인적으로 나는 다른 어떤 일보다 이 일에 더 많은 기도가 필요하다고 생각해요."

토미(학생들 중 누구도 그녀를 에델이라고 부르지 않았다)는 신입생인 나를 미심쩍은 눈길로 바라보았다. 주님이 나를 통해 자신에게 어떤 일을 행하실지 궁금해 하는 것 같았다.

주님의 일을 하는 데 있어 기도가 얼마나 중요한지 이미 프레이저 선교사에게 배웠기 때문에 나는 성의를 다해 대답했다.

"네, 저도 기도의 힘을 믿어요! 매일 선배님 방에서 함께 기도하는 게 좋을 것 같아요."

"그럴래요?" 토미 선배의 얼굴이 환해졌다. "좋아요. 그런데 나는 학비를 내가 직접 벌어야 하기 때문에 좀 바빠요. 하지만 매일 낮 12시 전에 30분 정도는 시간을 낼 수 있어요. 그때 함께 기도하는 게 어떨까요?"

마침 그 시간은 내 일과에도 맞아서 내 생활의 중요한 부분이 되었다.

그 주 첫 주일에 토미 선배와 함께 지역센터로 갔다. 선배는 그 지역 담당인 K목사에게 나를 동역자로 소개했다.

"그렇군요. 오늘 우리와 함께 점심 하실래요? 아내에게 새로운 일꾼이 올 거라고 얘기했으니 식사를 준비해 놨을 거예요. 우리는 좀 친해질 필요가 있어요."

K목사와 점심을 함께한다는 것은 그날 아침 예배에 참석한다는 것을 의미했다. K목사는 설교 시간에 용기와 높은 이상에 대해 말했지만 그 속에는 생명이 없었다.

K목사는 식사 후 짐짓 선배 티를 내면서 말했다.

"알지 모르겠지만 나도 예전에는 당신들이 하는 것과 같은 일들을 믿었어요. 사실 나도 무디성경학교 졸업생인 걸 알면 놀랄걸요? 졸업 후에는 신학교에 진학했는데 거기에서 오늘날에는 그런 낡은 것을 아무도 믿지 않는다는 사실을 배웠어요. 당신들이 하는 말마따나 신학교에 가서 '믿음'을 잃은 셈이지요. 하지만 어쩐지 우리 자유주의 신학은 무디성경학교의 가르침과는 달리 사람들에게 별로 힘이 되어 주지 못하는 것 같습니다. 그래서 이곳의 사역이 처지는 것을 느낄 때마다 무디성경학교 학생들을 보내 달라고 요청하지요. 그러면 주민들의 관심을 불러일으키기가 좋거든요. 당신들이 주민들을 교회로 불러 모으면 우리가 그들을 잘 교육해볼 참입니다!"

K목사의 얘기를 들을 때 속에서 치밀어 오르는 말들을 간신히 억누르며 나는 말했다.

"참 아이러니하네요, 목사님. 목사님은 옛 신앙으로부터 떠났고, 저는 그 신앙으로 돌아가기 위해 자유주의 신학으로부터 떠나왔으니 말이에요. 저는 대학에서 하나님에 대한 신앙을 잃어 버렸지만 그 문제에 대해 개인적으로 답을 찾다가 하나님이 계시다는 사실을 확신하게 되었어요. 하나님을 아는 유일한 길은 죄를 용서해 주고 영원한 삶을 가져다 주는 그리스도의 피와 그 구속의 힘을 믿는 거예요. 목사님과 저는 정반대의 길을 걷고 있네요. 목사님은 안개 낀 평지로 들어갔고, 저는 그곳에서 나와 높은 길로 걸음을 옮겼으니 말이에요."

K목사는 눈을 반짝거리며 관심을 보였다. 그는 앞으로 몸을 기울이며 질문 공세를 펼쳤다. 빈정대고 따지는 말투였지만 마음이 흔들린 것만은 확실했다. 토미 선배는 옆에서 아무 말 없이 기도하며 앉아 있었다. 선배는 내 이야기를 처음 들었지만 듣는 즉시 하나님의 영이 역사하고 계심을 깨달았기 때문이다.

이윽고 떠날 시간이 되자 K목사는 다시 따지듯 물었다.

"당신처럼 교육을 많이 받은 사람이 어떻게 그런 낡은 신앙에 빠질 수 있단 말입니까?"

그는 계속해서 말했다.

"이 점에 대해서 나중에 더 얘기해야 할 것 같군요. 언제 한번 심방 후에 저녁식사라도 함께하지요."

차를 타고 학교로 돌아오는 길에 토미 선배는 말했다.

"하나님께서 이미 우리 기도에 응답하고 계심을 나는 믿어요. 온갖 자유주의 신학의 세파를 거쳤지만, 삶이 진정으로 변화된 일꾼을 이렇게 보내 주셨잖아요. 아까 이소벨이 말하고 있는 동안 나는 K목사의 얼굴을 지켜봤어요. 한 마디 한 마디가 정곡을 찔러서 목사도 수긍하는 분위기였어요. 그 자리에서 그 사실을 인정하기에는 자존심이 허락하지 않았겠지만요. 이제 난 하나님께서 K목사의 신앙을 회복시켜 주실 것이라는 믿음이 생겼어요! '진실로 다시 너희에게 이르노니 너희 중의 두 사람이 땅에서 합심하여 무엇이든지 구하면 하늘에 계신 내 아버지께서 그들을 위하여 이루게 하시리라.' 마 18:19 우리 매일 이 말씀에 의지해서 함께 기도하기로 해요."

토미 선배는 보면 볼수록 어디 가서 만나기 힘든 멋진 동역자였다. 유머 감각이 남달랐고 순간순간 재치가 넘쳤다. 사실 심방 그 자체는 어둡고 우울한 경험이었다. 어둡고 지저분한 공동주택을 나 혼자 방문한다는 것은 생각만 해도 끔찍했다. 부서진 계단에 악취를 풀풀 풍기는 더러운 하수관하며 손바닥만한 단칸방에 온 식구가 한데 들어앉아 사는 모습이란….

하지만 토미 선배는 뭔가가 발부리에 채일 때마다, 악취가 코를 찌를 때마다 언제나 유쾌하게 토를 달았다. 현실을 빗댄 적나라한 표현에 배꼽을 잡고 웃지 않을 수 없었다. 그렇게 웃다 보면 혐오감도 어느 정도 극복할 수 있었다. 토미 선배는 언제나 먼저 행동에 나서는 편이었다. 생면부지인 사람에게도 얼마나 솜씨 있게 다가서던지…. 나는 선배 옆에 바짝 붙어서 그런 기술을 배우고자 했다.

이젠 30년도 더 된 일이라 토미 선배가 그때 심방을 하면서 사람들과 어떤 대화를 나누었는지, 어떤 재치를 발휘했는지 구체적으로 기억나지는 않지만 한 가지 생각나는 일이 있다.

그때 우리는 낡은 공동주택의 길고 어두운 복도에서 한 집 한 집 문을 두드리며 들어가 얘기를 나눌 기회를 찾고 있었다. 그런데 문이 하나 열리더니 우락부락하게 생긴 남자가 우리를 노려보며 이렇게 소리쳤다.

"뭘 찾는 거야? 여기서 뭐하고 있냐고?"

"형제님." 토미 선배는 미소를 지으며 나긋한 말투로 남자를 불렀다. "저희는 형제님이 잘 사는 것에 관심이 있는 사람들이에요. 안에 들어가서 잠깐 얘기를 나눌 수 있을까요?"

"어허, 이것 봐라."

남자는 수상쩍다는 듯 우리를 훑어보며 으르렁거렸다.

"세상 천지에 누가 우리를 돕는다고 그래? 당신들 어디서 나왔어? 뭘 팔러 왔나? 아니면 경찰인가? 아무튼 우린 아무 데도 관심 없어."

남자는 눈앞에서 문을 쾅 닫을 기세였다.

"저, 형제님." 토미 선배는 애처롭게 말했다. "피곤에 지친 외소한 처자들이 형제님처럼 덩치 좋은 분에게 무슨 해를 끼친다고 그러세요. 잠시 의자라도 내주시면 안 될까요? 몇 시간 동안 걸어 다녔더니 어디라도 잠시 앉았다 가면 좋겠어요."

그러자 집 안에서 한 여자의 목소리가 들려왔다.

"잠시 앉았다 가라고 해요, 빌. 다리 아픈 거, 그거 진짜 힘든 일이에요."

빌은 마구 욕을 퍼붓더니 슬쩍 문을 열고는 돌아서서 허름한 방 한쪽에 가서 섰다. 토미 선배는 발에 관한 재미있는 농담을 하며 여자를 웃게 만들더니 대화를 이어갔다. 하지만 '주님'이라는 말이 나오기가 빌은 무섭게 눈을 부라렸다.

"그러니까 당신들 예수쟁이란 말이지! 이거 완전히 똥 밟았군. 이 빌어먹을 사람들 누가 들어오라고 했어? 난 무신론자야. 무신론자라고."

남자는 마구잡이로 욕을 퍼부어 댔다.

이때에도 토미 선배는 따듯하고도 재미있는 유머감각을 발휘했다. 구체적으로 어떤 얘기를 했는지는 모르지만 하나님의 영이 선배와 함께 역사했던 것을 기억한다. 결국 남자는 입을 다물고 우리의 이야기에 귀를 기울였다. 그날 그의 아내가 그리스도를 영접했던 것이 확실히 기억난다.

우리가 심방을 갈 때마다 몇몇 영혼들이 영생을 받아들였다. 소중한 동역자 토미 선배는 '사람을 사랑하는 것'이 주 예수 그리스도를 전하기 위해 사람들에게 다가가는 유일한 통로임을 가르쳐 주었다.

주일학교 초등부에도 하나님의 역사가 일어나기 시작했다. 아이들이 주님을 영접하는 것에 대해 묻기 시작했다. K목사는 우리의 사역에 관심을 가지는가 싶다가도 시큰둥하기를 반복했다. 가끔은 우리가 주중에 하는 사역을 대놓고 무시하며 못마땅해 하기도 했다. 또 어느 때에는 주일학교에 와서 우리를 지켜보기도 하고 식사에 초대하기도 했다.

우리는 K목사를 위해 간절히 기도했다! 토미 선배는 공동주택의 어두운 복도에서는 사람들에게 붙임성 있게 말을 건넸지만, 영혼들의 구원과 K목사의 신앙 회복을 위해 무릎을 꿇고 기도할 때면 완전히 다른 사람으로 변했다. 하지만 상반된 두 가지 모습이 선배의 인격 안에서 조화를 잘 이루었다. 평소에 농담하는 소리만 들어서는 토미 선배가 죄에 갇힌 영혼들을 위해 얼마나 뜨겁게 눈물 흘리며 기도하는지 아마 상상이 가지 않을 것이다.

2학기에도 나는 토미 선배와 같이 과제를 수행할 수 있게 해달라고 요청했다. 선배나 나나 그곳에서의 사역이 완성되지 않았음을 느꼈기 때문이다. 하지만 2학기에 나는 몸이 안 좋아지는 바람에 6주나 휴학을 해야 했고, 따라서 선배와도 함께 사역을 하러 갈 수 없었다. 선배는 2학기 말에 졸업을 하고 멕시코로 떠났다.

그런데 그 전에 귀한 일이 하나 일어났다. 내가 퇴원하고 토미 선배가 학교를 떠나기 직전의 어느 날, 우리는 둘 다 면회실로 내려오라는 연락을 받았다. 놀랍게도 K목사가 그곳에서 기다리고 있었다. 그는 딴 사람이 되어 있었다. 온화하고 훈련받은 듯한 모습이었고 예전에는 없던 빛마저 서려 있었다.

"당신들이 나를 위해 기도해온 사실을 압니다. 주님이 그 기도를 들어 주셨다는 얘기를 하려고 이렇게 온 겁니다."

그는 말문을 뗐다.

"나는 주님께로 돌아왔습니다. 당신들도 분명히 봤겠지만 그건 정말이지 치열한 싸움이었습니다. 그놈의 자존심 때문에 얼른 십자가를 지지 못했지요. 하지만 당신들이 전하는 말씀이 구원하시는 하나님의 능력이라는 사실을 주일마다 더욱 분명히 알게 되었습니다. 당신들의 사역을 통해 사람들의 삶이 달라졌어요. 그 점을 솔직하게 인정하지 않을 수 없었지요. 내가 사역할 때는 아무도 달라지지 않았거든요.

하나님께서 당신들의 성경 교육을 쓰시는 것을 보고 나도 다시 사람들에게 성경을 전해 봐야겠다고 생각했습니다. 그런데 아무 일도 일어나지 않았어요. 그 후 나는 그리스도의 십자가, 즉 구세주의 피가 우리 죄를 씻어 줄 유일한 길임을 전하는 설교를 하게 되었습니다. 십자가의 가르침은 효과가 있었어요. 당신들뿐 아니라 내게 말입니다.

내가 말이 많았군요. 어쨌든 나는 연단에서 고백을 했고, 더 이상 주일 댄스파티를 열지 않기로 했습니다. 그러자 교회에 예배를 드리러 오는 사람들이 가득 밀려들었습니다. 하지만 당회에선 내 의도를 알아차리고는 몹시 화를 내더군요."

그의 눈에 눈물이 고였다.

"간단히 말해, 나는 교회에서 쫓겨났습니다. 하지만 시골의 작은 교회를 맡게 되었고 가족과 함께 그리로 이사 갈 예정입니다. 거기서는 진리를 전할 수 있겠지요. 아내도 나와 전적으로 한마음이고, 우린 둘 다 당신들에게 고마워하고 있습니다. 하나님의 축복이 함께하시길 바랍니다. 무디가 세운 이 학교도 축복하시길 기도합니다."

우리도 가슴에 차오르는 경외심을 느끼고 뜨거운 눈물을 삼키며 "아멘"이라고 답했다.

그 후로는 다시 K목사를 보지 못했다.

9
영적 예지력

::
주님을 알게 된 후로는 때때로 영적으로 예지하는 경험을 한다. 하나님은 당신이 존재하고 우리를 돌보신다는 사실을 우리가 새롭게 체험하면서 위안을 받을 수 있도록 그런 예지 능력을 주신다고 나는 믿는다.

1924년 12월, 어머니로부터 편지 한 장을 받았다. 어머니가 외과 수술을 받게 될지도 모른다는 소식이었다. 편지의 내용에 따르면 어머니는 종양이 생겼고, 시간이 오래 걸리는 방사선 치료를 받느냐 아니면 단번에 끝날 수도 있는 수술을 받느냐 하는 선택의 기로에 서 계셨다. 어머니는 장기간의 치료보다는 수술 쪽으로 마음이 기우신 모양이었다. 방사선 치료기가 있는 다른 도시의 병원으로 통원치료를 다니느니 단번에 일을 해결하고 싶어 하셨다. 그런데 일이 어떻게 결정되었는지 확실히 전해 듣지 못한 상태에서 갑자기 어머니가 주님의 곁으로 가셨다는 전보를 받았다. 어머니는 수술을 선택했고 수술 직후 병원에서 숨을 거두셨다고 했다. 아버지가 직접 전보를 치셨다. 내가 당장 집으로 간다고 해도 장례식은 그 전에 끝날 테니 애써 여기까지 올 필요가 없다는 내용이었다.

어머니의 죽음은 말로 다할 수 없는 충격이었다. 어머니는 외동딸에 대한 애착이 커서 내가 외국에 선교하러 가는 것을 반대하셨다. 어머니는 제발 가지 말라고 애원하다가 안 되면 모진 말씀을 하시기도 했다. 당시에 나는 그 말들을 마음에 담아두지 않았다. 감정이 격해져서 어쩌다 튀어나온 말이지 속마음은 그렇지 않다는 것을 알기 때문이었다. 그런 것들 중 이런 얘기도 있었다.

"네가 중국에 가려고 기도하고 있으니 하나님께서 응답해 주시겠지. 하지만 이 엄마의 시신을 밟고 지나가야 할 거야."

이제 다시 그 말씀이 떠오르며 가슴이 찢어질 듯 아팠다.

나는 어머니에게 진 빚이 아주 많다. 어머니는 사랑이 깊은 분이었다. 이상도 높았고 성실하셨다. 어머니는 그렇게도 좋아하는 음악을 포기하셨다. 우리 남매를 돌보기 위해 다른 친구분들과 함께 음악회에 갈 기회들도 마다하셨다. 일찍 결혼한 어머니는 20대에 오빠와 나를 낳으셨고, 우리 둘에게 거는 기대가 아주 컸다. 기대가 큰 만큼 지극정성으로 돌봐 주셨다. 다칠까 봐 길거리에서 놀지 못하게 하셨고, 저녁 시간에는 우리에게 책을 읽어 주거나 친구들이 와서 즐겁게 놀다 갈 수 있도록 뒤치다꺼리를 하느라 자신의 시간을 기꺼이 포기하셨다.

어머니는 크리스천이었다. 그것도 아주 열성적이어서 우리가 언제나 주님을 사랑하고 주님의 말씀을 귀하게 여기도록 교육하고자 애쓰셨다. 어머니는 우리가 자라면서 상류층에 들어가기를 바라셨는데, 그런 점에서 세상과 타협하려는 유혹을 받으셨던 것 같다. 생각해 보면 그 모든 게 우리를 향한 사랑에서 비롯되었다.

나는 매일 따듯한 햇볕을 쬐듯 어머니의 사랑을 당연하게 받아들였다. 그런 무심하고 안이한 생각에 그만 어머니에게 마땅히 드려야 할 감사도 드리지 못했다. 어머니가 돌아가시고 난 후에야 이 모든 게 후회로 돌아왔다. 하지만 때는 늦었고, 가슴이 무너져 내리는 것만 같았다.

그해 크리스마스 방학 동안에 나는 한 식당에서 일자리를 얻었다. 학교는 1월에 개강을 했다.

어느 날 수업을 하고 있는데 누군가가 들어와 쪽지를 전하고 갔다. 선생님은 쪽지를 읽더니 이렇게 말씀하셨다. "이소벨 밀러 양, 여학생처 사무실로 가보세요. 전보가 와 있답니다."

놀라기도 하고 무슨 일인가 싶어서 얼른 일어나 여학생 건물로 발걸음을 재촉했다. 떨리는 마음을 안고 사무실에 들어가면서 학생처장의 얼굴을 쳐다보았다. 나쁜 소식이 와 있음을 직감하고 무슨 전보인지 어서 얘기해 달라고 했다.

"앉아요." 학생처장이 말했다.

"전보에 이렇게 쓰여 있어요. '아버지 엘리베이터 사고로 중상. 즉시 집으로 올 것. 머레이.' 그런데 머레이가 누구죠?"

"오빠예요." 나는 목멘 소리로 말했다. "이럴 수가. 아버지마저⋯ 아아⋯"

"와서 도와줄 사람이 있나요? 우리가 누구한테 전화를 해줄까요?" 학생처장은 친절하게 물었다.

갑자기 눈앞에 한 장면이 떠올랐다. 키 크고 다부져 보이는 한 남자와 내가 바닷가에 앉아 있는 모습이었다. 그 남자는 생각에 잠긴 눈으로 부서지는 파도를 응시하며 이렇게 말했다.

"아마도 사탄은 밀러 양을 그 학교에서 나오게 하려고 갖은 애를 쓸 겁니다. 신앙심이 깊고 편견 없이 판단할 수 있는 사람을 혹시 알고 있나요? 의지할 만한 사람 말입니다."

문득 프레이저 선교사의 예언이 한 가지 사소한 부분만 빼고 이 상황에 정확히 들어맞는다는 사실을 깨달았다. 그는 이 일의 당사자가 어머니일 것이라고 했지만 정작 나를 집으로 부른 것은 오빠였다.

프레이저 선교사의 조언을 떠올리면서 나는 침착해질 수 있었다. 그리고 허리를 곧게 펴고 앉으며 말했다.

"네, 아이삭 페이지 박사에게 오셔서 도와달라고 부탁드리고 싶어요."

학생처장은 자신이 무언가 할 수 있게 되었다는 데 안도하며 즉시 페이지 박사에게 전화를 걸었다. 수화기 너머로 "택시를 타고 곧장 거기로 가겠습니다" 하는 박사의 목소리가 들렸다. 나는 여학생처 사무실에서 박사를 기다렸다. 페이지 박사는 아버지의 절친한 친구 분이었다.

"페이지 아빠."

내 앞에 앉은 페이지 박사에게 그 말을 하고는 한동안 말을 잇지 못했다.

"프레이저 선교사는 이런 일이 일어날 거라고 제게 미리 얘기해 주었어요. 그럴 때 어떻게 해야 할지도요. 제가 지금 숙소에 가서 짐을 싸는 동안 저를 위해 두 가지 일을 해주실 수 있나요? 먼저 오늘밤 떠날 기차표를 예약해 주세요. 사지는 말고요. 그리고 찰스 톰슨 씨에게 즉시 전보를 쳐서 오빠가 말한 대로 아빠의 상태가 진짜 나쁜지 물어봐 주시겠어요?"

"아주 좋은 생각이구나, 이소벨." 페이지 박사는 말했다. "이런 일들은 대개 과장되기 쉽거든. 톰슨 씨가 사정을 잘 알 게다. 내가 가서 즉시 알아보마. 그나저나 오늘 밤에 밴쿠버로 떠나는 기차는 없을 거다. 너는 괜찮니? 믿음을 잃지 말고 떨지 말거라."

"예."

나는 대답했다. 계획대로 일들이 진행되는 것을 보면서 한결 마음이 안정되었다.

"고맙습니다. 이곳 사람들 모두가 제게 친절하고 다정해요. 저는 괜찮아질 거예요."

"전보를 치고 기차표 예약을 하는 대로 바로 돌아오마."

페이지 박사는 그렇게 말하고 밖으로 나섰다.

그날 저녁이 되기 전에 답신 전보가 도착했다.

"아버지 차츰 회복 중. 걱정 말고 네 자리를 지켜라. 톰슨."

아, 다행이다! 나중에 도착한 편지를 읽어보니 엘리베이터를 운전하는 여성의 조작 미숙으로 엘리베이터가 4층에서 시멘트 바닥으로 떨어졌다고 한다. 아버지는 내상을 입으셨고 그때 얻은 지병으로 결국 훗날에 돌아가시기는 했지만, 그 일이 일어난 후로 20년 가까이 사셨다!

신령한 자는 모든 것을 판단하나. 고전 2:15

프레이저 선교사는 이런 일이 일어날 것을 어떻게 알았을까? 하나님의 자녀가 그분과 가까이 동행하고 그분의 뜻에 온전히 순복할 때, 그 마음이 주님의 임재 속으로 들어가 그분의 가르침을 알아들을 수 있다. 특히 다른 누군가를 위해 중보기도할 때 그러하다. 하나님이 계시지 않는다면 이런 일은 일어날 수 없다. 사탄은 사람의 생각을 읽을 수 있고 과거를 알아맞출 수도 있다. 또 지적 능력을 발휘하여 미래를 '예측' 할 수 있다. 그러나 미래를 '알지는' 못한다.

이런 체험을 한 지 얼마 되지 않아 성령님의 역사하심을 증거하는 또 다른 특별한 일을 겪었다.

오티스 위플 가족은 더 이상 시애틀에 살지 않고 중국에 가 있었다. 훌륭한 건축학자인 위플 씨는 중국 내지의 큰 도시 중 하나에 선교병원을 지으라는 부르심을 받았다. 그는 가족들을 데리고 중국에 들어갔다. 그래서 내가 겪은 슬픈 일에 대해 아직 듣지 못했을 터였다.

그런데 하루는 위플 부인으로부터 편지를 받았다. 다음과 같이 쓰여 있었다.

"이소벨, 이소벨의 어머니가 주님께로 돌아갈 준비가 되어 있다는 느낌을 받았어요. 참 이상하지요. 나는 이소벨의 어머니가 위독하기는커녕 수술을 받게 된 줄도 전혀 몰랐는데 말이에요. 그런데 돌아가시던 날 왠지 그분 생각이 나서 한참이나 기도하고 있는데, 문득 이소벨의 어머니가 모든 일에서 하나님의 뜻에 순종할 것이라는 확신이 들었어요.

  그런데 편지를 쓰고 있는 지금 왠지 또 다시 마음이 무거워지네요. 자꾸 이소벨 생각이 나는데 이번에는 아버지와 관련된 일 같아요. 요즘 이소벨과 아버지를 위해 많이 기도하고 있어요. 무슨 일인지는 모르겠지만 하나님은 오늘 내게 두 사람을 위해 중보기도하라고 말씀하시네요. 두 사람에게 오직 하나님의 뜻만 이루어지길 기도하고 있어요."

  위플 부인이 편지를 보낸 날짜를 보았다. 아버지가 사고를 당했다는 전보가 온 바로 그날이었다. 위플 부인은 어떤 일이 일어났는지 전혀 알 길 없는 지구 반대편의 중국 내지에 있었다. 부인이 아버지의 사고 소식을 들었을 리 없었다. 수술을 앞두고 입원하기 전, 어머니는 내가 하나님의 뜻을 찾기 위해 더 나은 길로 들어섰음을 인정하셨는데, 그 사실도 위플 부인은 몰랐을 것이다. 나 역시도 몇 달 동안은 몰랐으니까. 어머니는 자신이 세상의 욕심에 빠져 살아왔음을 주님께 고백했고 온전히 헌신하는 예전의 모습을 회복한 후에 눈을 감으셨다. 이 모든 싸움의 과정 속에서 위플 부인의 중보기도가 그토록 큰 도움이 될 줄 누가 알았을까.

  이 모든 일들을 겪으며 나는 마음의 감동을 받았고, 정작 하나님께서 이런 방식으로 당신의 계획을 내게 맡기실 만큼 나도 성장할 수 있을까 의문이 들었다. 정말 그렇게 되고 싶었다. 하나님은 성령으로 거듭나서 성령에 순종하며 살아가는 모든 사람들에게 크든 작든 이러한 은사를 베푸신다는 사실을 당시에는 알지 못했다. 하지만 곧 배우게 되었다.

아버지의 건강이 회복된 것에 대한 기쁨도 잠시였고 새로운 걱정거리가 생겼다. 어머니는 그동안 우리 집안의 재정을 맡아 알뜰하게 살림을 해오셨고 그 덕분에 내가 교육받는 데 별 어려움이 없었다. 반면에 아버지는 못 말리는 낙천주의자에다가 남을 잘 믿는 성격이었다. 아버지는 언제나 구리나 은, 금광 혹은 비슷한 종류의 투자 사업에 몰두하며 일확천금을 꿈꾸셨다. '유망하다는' 사업에 평생 돈을 쏟아붓다가 잃기만 했는데도 깨닫는 바가 전혀 없었다.

어머니가 돌아가신 후, 아버지가 직장을 그만 두고 아예 주식 투자에 나섰다는 얘기를 듣고 적잖이 당황스러웠다. 아버지는 이번에야말로 백만장자가 될 수 있다고 장담하셨다. 오빠도 덩달아 양계장을 판 후 딱히 하는 일이 없는 것 같았다. '이제 곧 큰 부자가 될 텐데 일은 뭐하려고 해' 하는 식이었다.

아버지와 오빠는 밴쿠버 북쪽에 작은 집을 하나 빌렸고, 전에 살던 집의 가구는 모조리 팔아 버리고 남은 것만 그곳으로 옮겼다. 이런 소식을 담고 있는 '유쾌하고 놀라운' 편지들을 받으면서 점점 더 마음이 무거워졌다. 아버지의 기대가 올라가면 올라갈수록 나의 마음은 밑으로, 밑으로 가라앉기만 했다!

"주님, 사는 게 왜 이렇게 힘들죠?"

나는 주님께 나지막이 말했다. 주님은 곧 응답하셨다. 글로버 박사가 일반선교 수업 시간에 전에 했던 광고를 다시 한 것이다.

"전 시간에 얘기했지만, 1월 28일에서 2월 2일까지 워싱턴 DC에서 미국과 캐나다의 해외선교대회가 열립니다. 우리 학교는 여덟 명을 보내기로 했는데 현재 여섯 명만 등록한 상태입니다. 이번 대회는 기회가 아주 좋아요. 전 세계에서 유명한 선교사들과 회심한 현지인들이 참석할 예정이거든요. 쿨리지 대통령께서 개회 인사를 할 겁니다. 학생들 중에 자비로 대회에 갈 수 있는 사람은 기간이 얼마 남지 않았으니 등록을 서두르기 바랍니다. 다음 주에 마감하니 준비하세요."

미국 수도에서 열리는 대규모의 선교대회에 대표로 참가할 수 있다니! 가고 싶은 마음이 간절했고 꼭 가야겠다는 생각도 들었다. 주님이 이렇게 말씀하시는 것 같았다.

"그동안 슬픈 일들을 겪으면서 고생했다. 이참에 너를 워싱턴에 보내줄 테니 가서 잠시나마 기쁨을 누리다 오렴."

나는 두근거리는 마음으로 주님의 말씀을 믿었다. 하지만 그것은 불가능한 소망이었다. 돈 한 푼 없이 그곳에 어떻게 간단 말인가? 주님이 갑자기 큰돈을 보내주셔서 글로버 박사에게 한달음에 달려가 대회에 참가하겠다고 얘기하는 상상을 일주일 내내 했다. 하지만 돈은 한 푼도 들어오지 않았다.

등록 마감일이 왔다. 그날 아침 선교 수업 시간에 자원하는 학생 몇 명이 나와 3분 스피치를 하게 되었다. 자신이 왜 선교를 해야만 하는지 얘기하는 시간이었다. 수업이 끝날 무렵, 글로버 박사는 다시 한 번 워싱턴 선교대회에 참석할 대표 한 명을 더 기다리고 있다며 간곡히 등록을 권유했다. 오늘 등록이 마감될 것이라고 말했다. 나는 과연 주님의 음성을 들은 것인가 아니면 꼭 가고 싶다는 생각 때문에 스스로를 속이고 있는 것일까? 헷갈리는 마음을 안고 교실을 나왔다.

그날 오후에 내 우편함에 쪽지가 하나 와 있었다.

"글로버 박사 사무실로 즉시 올 것."

나는 두방망이질 하는 가슴을 안고 글로버 박사의 사무실이 있는 선교국 건물로 달려갔다. 하도 흥분되어 손이 다 떨렸다. 이윽고 문을 두드렸다.

"들어오세요! 오, 밀러 양. 앉으세요." 글로버 박사는 나를 보며 활짝 웃었다. "누군가가 선교대회에 참석할 경비를 밀러 양에게 주었다는 얘기를 하려고 부른 겁니다. 갈 거죠?"

"네?" 숨이 턱 막혔다. "제가요? 그런데 누가 돈을 낸 건가요?"

혹시 페이지 박사 내외가 이런 도움을 주지 않았을까 하는 생각이 들었다. 하지만 그분들이 무슨 돈으로 그런 일을 한단 말인가?

"기부자는 이름을 밝히고 싶어 하지 않습니다." 글로버 박사는 대답했다. "아마 밀러 양도 모르는 여자 분일 겁니다."

'여자 분? 아, 여자구나.'

박사는 말을 계속 이었다.

"그분이 밀러 양의 대회 등록비와 숙식비를 냈어요. 게다가 오고 가는 경비로 쓰라고 20달러도 챙겨 주셨답니다. 이거 받으세요. 기차표 값과 호텔비는 내가 낼게요. 밀러 양은 내일까지 떠날 준비를 해야 합니다. 할 수 있죠? 여학생 처장에겐 내가 이미 허락을 받아놨어요."

그렇게 해서 나는 선교대회에 갈 수 있었다.

후에 그 후원자는 자신이 어떻게 해서 이런 기부를 하도록 하나님께서 이끄셨는지 내게 얘기해 주었다.

그녀는 남편과 사별한 지 얼마 되지 않은 부유한 크리스천이었다. 그날 목요일 아침, 그녀는 학교 근처에 볼일을 보러 왔다가 잠시 글로버 박사의 선교 수업을 들을 시간이 났다고 했다. 그녀가 교실에 들어와 학생들 사이에 자리를 잡고 앉았을 때 마침 내가 앞에 나가 간증을 하게 되었다. 내가 간증을 마쳤을 때 부인은 옆 자리 여학생에게 작은 소리로 물었다.

"앞에 나와서 간증하는 저 학생은 누구죠?"

그 여학생이 내 이름을 얘기해 주었을 뿐 아니라 이런 얘기도 덧붙였다고 한다.

"이소벨이에요. 얼마 전까지 슬픈 일을 많이 겪었어요. 크리스마스를 앞두고 어머니가 돌아가셨고, 몇 주 전에는 하마터면 아버지가 사고로 돌아가실 뻔 했다지 뭐예요."

남편과 사별한 아픔이 채 아물지 않은 부인의 여리고 친절한 마음이 내게로 향했다. 그래서 글로버 박사가 학생들에게 마지막 남은 한 자리에 어서 등록할 것을 촉구할 때, 즉시 나를 보내고 싶다는 생각이 들었다고 한다.

'저 여학생은 환경이 다른 곳에 가서 영감 있는 말씀을 듣고 관광도 하면서 기분전환을 할 필요가 있을 것 같아. 내가 그런 기회를 선물해야겠어. 그러면 이 학교에서 보내기로 한 대표단 인원도 꽉 차겠지.'

하나님은 당신의 뜻을 따라 살아가려는 마음씨 넉넉한 종들에게 은혜를 내리시고, 그런 이들을 통해 일하신다.

주님을 만나기 전에는 그런 영적 예지력을 가져본 적이 한 번도 없었다. 그러나 주님을 알게 된 후로는 때때로 그런 경험을 한다. 하나님은 당신이 존재하고 우리를 돌보신다는 사실을 우리가 새롭게 체험하면서 위안을 받을 수 있도록 그런 예지력을 주신다고 나는 믿는다.

덕분에 나는 고통스러운 인생의 골짜기에서 벗어나 기운차게 산 위로 올라가면서 최고의 기쁨을 맛볼 수 있게 되었다. 그것은 언제 돌아봐도 멋진 경험이었고, 생각했던 것 이상으로 장차 내 삶을 이끌어 가는 계기가 되었다. 그도 그럴 것이 나 말고 그 곳에 가게 된 다른 여덟 명 중 한 사람이 바로 지금의 남편 존 B. 쿤이었기 때문이다.

마침내 페이지 아빠의 생신날 나는 정식으로 존을 소개받았다. 페이지 박사 댁에 가끔 초대를 받았던 청년학생 자원봉사자들이 그분의 집에서 깜짝 생신파티를 해주기로 한 것이다. 그 자리에는 남학생들도 오기로 되어 있었고, 그 중 한 명이 캐슬린 쿤의 오빠라는 소리를 들었다. 그래서 그와 만나게 될 것을 짐작하고는 있었다. 하지만 그 자리를 피할 방도가 없었다. 간사들 중 한 명의 생일이었다면 어떻게든 핑계를 대고 빠졌겠지만 다른 사람도 아닌 페이지 아빠의 생신에 그럴 수는 없었다.

7시 30분에 클락 가 모퉁이에서 모두 만나 함께 전차를 타기로 했다. 여자들이 먼저 도착했다. 달이 높은 옛 건물들 위로 떠오를 때 남자들이 다가오는 것이 보였다.

"어, 저기 오네요!"

우리 중 대표가 소리쳤다.

"밀러 양, 잭 그래함과 존 쿤을 소개할게요.…"

그 다음에는 아무 소리도 들리지 않았다. 성경학교 식당에서 설거지하던 청년의 얼굴이 눈앞에 크게 들어왔을 뿐이었다.

워싱턴 집회에는 세계적으로 유명한 선교사들이 참석했다. 우리는 그들이 앞에 나와서 연설하는 것을 들었고 그들 중 몇 명과 개인적으로 대화를 나눌 기회를 가졌다. 짬짬이 관광을 다니기도 했다. 백악관에 갔을 때는 쿨리지 대통령과 악수를 나누기도 했다. 집회가 끝난 후에는 워싱턴 대통령 내외가 살던 집을 보려고 다같이 버논 산으로 나들이를 갔다. 참 좋은 시간이었다. 함께 앉아서 식사하고 눈이 반쯤 남아 있는 워싱턴 거리 구석구석을 구경하고 다녔다. 고든 스미스가 신을 장화를 사러 다니다가 한 가게에서 "우리는 그렇게 큰 장화는 갖다놓지 않는다"는 말을 듣고 우리 일행은 배꼽을 쥐고 웃었다.

그때만 해도 앞으로 우리에게 어떤 일들이 기다리고 있는지 아무도 알지 못했다. 워싱턴 집회에 갔던 대표단 중 두 명은 서로 결혼해서 먼 땅의 리수족을 섬기게 되고, 잭 그래함은 같은 지역의 미아오족을 상대로 목회를 하게 되고, 아이린 포시스는 중국 산둥에서 놀라운 사역을 하게 되며, 고든 스미스는 인도차이나의 많은 부족들 사이에서 개척사역을 하게 될 것을 말이다.

워싱턴 집회에 함께 갔던 우리 대표단은 그 후로 평생 가져갈 기분 좋은 우정을 쌓을 수 있었다.

10
여러 부분,
여러 모양
으로

::
주님은 작고 이름 없는 학생인 나를 위해 허드슨 테일러에게 하신 것만큼이나 멋지게 역사하셨다. 내가 찾고 구하기만 하면 하나님은 나의 재정적인 필요를 채워 주시는 신실하신 분이었다.

하나님을 찾는 일은 언제 끝나는가? 우리의 중보자 되신 예수 그리스도의 이름으로 하나님께 뻗은 손이 정답을 잡았음을 느끼고, 하나님이 계심을 알게 될 때 끝난다. 하지만 또 다른 의미에서, 하나님을 찾는 것은 끝이 없는 길을 가는 것과 같다. 처음 하나님과 마주치게 되어도 그 후 또 다른 발견과 마주침이 따르면서 그분을 찾는 일이 계속 이어지기 때문이다.

글을 쓰고 있는 지금 새 날이 밝아오고 있다. 저 멀리 지평선에 밝은 태양이 솟아오르고 있다. 그러나 이내 먹구름에 덮이고 만다. 그런데 구름들이 빛을 머금더니 그 사이로 연분홍색과 황금색의 아름다운 빛줄기가 뚫고 나온다. 우리가 시선을 거두지 않고 하늘의 풍경을 열심히 쳐다볼 때 그처럼 연이은 영광을 보게 된다.

하나님을 찾는 일도 그러하다. 하나님이 계심을 찾는 것, 이것은 단지 그분을 찾으러 가는 여정에 올랐음을 의미할 뿐이다. 우리는 하나님이 어떤 분인지 계속 찾게 되는데 그 길은 결코 끝나지 않는다. 한 걸음 한 걸음 나아갈수록 설렘이 더욱 커지기 때문이다.

현재까지 나는 하나님이 계시다는 것, 그리고 그리스도의 중보하심으로 그분이 나의 하나님이라는 사실을 발견했다. 또 하나님께서 그분의 길 혹은 내 인생을 향한 그분의 계획을 내게 가르쳐 주실 수 있고 앞으로 가르쳐 주실 것임을 발견했다. 또한 어떤 장애물도 극복할 수 있게 해주실 텐데, 그렇게 하기 위해 우리가 어떤 대단한 수고를 할 필요가 없다는 것도 알게 되었다. 그런 점에서 허드슨 테일러가 알게 된 비밀이야말로 정답이다.

하나님께 기도하는 것만으로 사람을 움직이는 법을 배우라.

하나님을 찾는 과정에서, 나는 하나님께서 신기하고 묘한 방법으로 자신을 나타내시고 여러 부분에서 여러 모양으로 말씀하고 계시다는 것을 알게 되었다.

하나님은 당신을 신뢰하는 사람들의 필요를 돌보시는 데 있어 부족함이 없고 못하시는 일이 없다. 이 장에서는 하나님이 여러 부분에서, 여러 모양으로 나의 필요를 어떻게 채워 주셨는지 이야기할 참이다. 마조리 해리슨을 통해 하나님께서 어떻게 내게 시카고 행 기차표와 1년 동안 무디성경학교에서 지낼 비용을 마련해 주셨는지는 이야기했다. 또한 내가 워싱턴에 갈 수 있도록 어떤 놀라운 것을 예비해 주셨는지도 이야기했다.

이제 1925년 가을 학기에 내가 경험한 하나님의 돌보심에 대해 말하려고 한다. 당시 마조리 양이 준 돈은 바닥이 났고, 나머지 학비는 전적으로 주님의 돌보심과 나의 벌이에 기대야 했다. 그런데 이 이야기는 그해 봄에 만났던 한 사람에 얽힌 이야기이기도 하다.

1925년 4월이었던가. 어느 저녁 예배 시간에 나온 기도제목에 왠지 신경이 쓰였다. 한 졸업반 학생이 일어나더니 '극심한 고통을 겪고 신앙마저 잃어버린 한 여자친구'를 위해 기도해 달라고 요청한 것이다.

"그 친구가 지금 저를 보러 이곳에 오고 있어요. 친구가 다시 주님을 찾을 수 있도록 기도해 주세요."

실연을 당한 젊은 여성이 안개 낀 평지에서 쓰린 마음을 안고 방황하고 있다는 이야기였다. 그 이야기를 들으니 그녀가 어떤 심정일는지 가슴 절절히 알 것 같았다.

나는 마음속으로 기도했다.

'주님, 그녀를 제게 보내주세요. 그 심정 제가 잘 알잖아요'

하나님께서 응답해 주실 것이라는 생각이 들었다. 사실 인간의 눈으로 봐서는 우리의 만남이 이루어지기 힘들었다. 당시 나는 오후 시간이 가장 바쁜 식당 아르바이트생이었고, 그 기도제목을 내놓은 졸업반 학생은 전혀 다른 부류의 학생이었기 때문이다. 이른바 '엘리트'였다. 가정 형편이 넉넉해서 고학하지 않아도 되는 학생들을 우리는 자조 섞인 말로 엘리트라고 불렀다. 그들은 여유 시간이 많았지만 우리는 없었다. 그래서 '엘리트'와 '노동자'가 교실 밖에서 만날 일은 거의 없었다. 그들은 종종 피크닉을 가고 파티를 즐겼으나 우리는 그럴 만한 시간이 없었다. 그러니 자연스레 끼리끼리 다니는 그룹이 형성되었다.

기도제목을 낸 졸업반 학생을 찾아가 그녀를 소개해 달라고 부탁하면 흔쾌히 들어 주었을 것이다. 하지만 그녀를 만나는 것이 주님의 뜻이라면 주님이 반드시 그분의 방식대로 역사하실 것이라고 믿었다. 그러면 그것이 나의 충동적인 바람이 아니었음을 알게 되리라. 나는 그 문제를 놓고 기도했다.

지금 생각해 봐도 신기한 것은, 루스도 나도 우리가 어떻게 만났는지 기억하지 못한다는 점이다. 루스를 우체국에서 우연히 만났던 것은 어렴풋이 기억난다. 나는 '외지인'이 나타날 것을 대비해 엘리트 그룹을 지켜보고 있었고, 덕분에 그녀를 일찌감치 찾아낼 수 있었다. 그녀는 키가 크고 호리호리한 몸매에 밝은 갈색 곱슬머리였고 남부식의 부드러운 억양을 쓰고 있었다. 그런데 왜 그녀가 성경학교에 있는 수백 명의 낯선 얼굴들 중에서 유독 나를 주목하게 되었는지는 진짜 모를 일이다. 하나님께서 내 기도에 응답하여 루스를 보내주신 것이다. 그것 말고는 달리 설명할 길이 없다.

얼마 지나지 않아 루스는 얘기를 하러 나의 숙소로 찾아왔고, 고학생인 나를 만날 수 있는 곳이라면 어디든지 따라다녔다. 한 번은 정오가 조금 못 되어 정신없이 식당 쪽으로 가다가 그녀를 우연히 만났다.

"우리 얘기 좀 해." 루스는 말했다.

"좋아. 그런데 오늘밤에 만나자. 지금은 일하러 가는 길이어서 지체할 시간이 없어. 시간이 빠듯하거든."

"안 돼!" 그녀는 초조한 듯 대답했다. "나는 지금 얘기하고 싶단 말이야. 네가 일하는 곳까지 같이 걸어가면서 얘기해. 그러면 되는 거지, 맴?$^{ma'am}$"

캐나다 사람과 미국 남부 사람은 말하는 방식이 서로 달라서 재미있는 일이 많다. 캐나다 사람에게 '맴'이란 하인이 여주인을 부를 때 쓰는 호칭이지만, 루스에게 그 말은 감사함을 표현하는 하나의 정중한 방식이었다. 한편 루스는 내가 '실례합니다만'이라는 말만 쓰면 깔깔깔 웃으며 재미있다는 듯 흉내를 내며 '맴'이라는 말도 붙여서 계속 장난을 걸었다.

사실 루스와 함께 내가 일하는 식당에 가는 게 좀 부담스러웠다. 말하자면 종업원들은 하인들인 셈이고, 우리는 그곳에서 일할 때 대개 몸에 잘 맞지 않는 헌 앞치마를 두르고 있어야 했다. 루스는 부유한 부모를 둔 외동딸로서 교양 있는 가정에서 자랐다. 그런 그녀가 식당에서 일하는 내 모습을 보고 뭐라고 말할지. 루스는 따라나서겠다는 말에 내가 살짝 주저하는 것을 얼른 눈치 챘지만 막무가내였다. 그녀는 식당에 들어섰고 대번에 모든 것을 봐버렸다. 내가 당황해 하는 것도 보았고, 짓궂게도 그 점을 십분 활용하기로 한 것 같았다.

루스는 20세기 판 헨리 8세의 여동생, 메리 튜더였다. 매력적이지만 변덕스럽고, 다정다감하고 사랑스러우며 영민하고 재치 있지만 버릇이 없고 제멋대로였다. 솔직히 말해, '어려워하거나 무서울 게 없이 큰 아이'였다. 크면서 매 한 번 맞지 않고 자란 아이는 표가 나게 마련이다.

루스를 말릴 수 있는 사람은 아무도 없었다. 상대가 뭔가를 감추고 싶어 하면 짓궂게도 그것을 단박에 알아차리고는 홱 낚

아채서 눈앞에 흔들어야 직성이 풀리는 유형이었다. 그녀는 한 가지를 제외하고는 성격이나 지능이나 사회적 교양 등 모든 면에서 나보다 한 수 위였다. 다만 주 예수 그리스도와의 교제를 알지 못했다. 아니 내가 아는 만큼 그리스도를 알지 못했다. 그것이 바로 '그녀가 알았으면' 하고 내가 간절히 바라는 부분이었다. 그러나 얼마 지나지 않아 그녀가 내 능력의 범위 밖에 있다는 것을 알게 되었다.

내가 무슨 시도를 하려고 하면 그녀는 단박에 알아차렸고, 자신의 영적 지성소에 누군가 들어오는 것을 아주 싫어했다. 언제 어디서나 자신이 원할 때만 그 문을 열었고 누가 두드린다고 해서 여는 법은 없었다. 나는 그저 루스를 사랑하고 그녀를 위해 기도할 수밖에 없었다.

그러다 급작스럽게, 아마 저녁 무렵이었던 것 같은데 어둑한 방에서 불을 켜지 않고 침대에 누운 채로 얘기를 하던 중에 그녀가 불쑥 마음을 열고 자신의 아픔에 대해 털어 놓았다.

그녀는 하나님을 믿는 어느 멋진 청년과 약혼을 했다고 했다. 잭이라는 그 청년은 하나님을 알고 신실하게 섬기는 사람이었다. 어느 날 그들은 다투었고 루스가 독단적으로 파혼을 선언했다. 사실 루스는 잭과 진짜로 헤어질 마음은 없었다.

그러기엔 그를 아주 많이 사랑했기 때문이다. 단지 자신을 실망시킨 것에 화가 나서 그걸 다른 누군가에게 풀고 싶었을 뿐이다. 루스는 잭이 먼저 연락을 해오면 마음을 풀고 다시 사랑스러운 약혼녀로 돌아갈 작정이었다. 하지만 끝내 연락은 오지 않았다.

말다툼을 했던 당시, 잭은 열병에 걸려 있었다. 잭이 아프다는 사실을 루스가 알았을 때 그는 이미 세상을 떠난 후였다.

그런 일이 있고 나서 얼마 지나지 않아 그녀는, 엎친 데 덮친 격으로, 믿었던 한 크리스천의 위선적인 행동으로 인해 씻지 못할 상처를 입었다. 마른 짚단처럼 불붙기 쉬운 성미를 가진 그녀는 그 후로 아예 하나님에 대한 믿음을 저버리고 말았다.

참혹한 인생의 회초리를 맞으니 차라리 어릴 때 부모의 회초리를 맞는 게 더 나을지 모른다. 루스가 가장 괴로워했던 것이 무엇인지 아는가? 결혼 날짜를 받아둔 상태에서 약혼자를 잃었다는 것보다, "그럴 뜻이 아니었어요. 미안해요. 용서해 주세요."라고 말하지 못한 채 그를 떠나보내야 했다는 사실이었다.

세속적이기는 해도 다정한 루스의 아버지는 딸을 위해 자신이 아는 최선의 일을 해주었다. 딸에게 수표장을 건네주며 이렇게 말했다.

"뉴욕에 가서 기분전환이라도 하렴. 돌이킬 수 없는 일은 잊어 버리고."

그녀는 뉴욕으로 갔고 내가 별로 듣고 싶지 않은 방탕한 생활을 했다. 그 얘기를 듣는 내내 이 질문만은 꼭 하고 싶었다.

"루스, 바닥까지 내려간 것은 아니겠지?"

루스는 잠시 아무 말도 하지 않았다.

"무슨 얘기를 하려는지 알아. 그러지는 않았어. 순결만은 지켜야 한다는 생각을 언제나 은연중에 하고 있었으니까. 하지만 그 밖의 일은 다 해봤어. 아주 마음대로 살았지."

나는 안도의 숨을 쉬며 말했다.

"하나님 감사합니다."

수많은 욕구들을 분출하며 육체적인 것들 속에서 뒹구는 것. 낮은 평지의 길은 우리에게 그런 것들을 제공하지만 감사하게도 그리스도는 그 길에서 우리를 구해 주실 수 있다. 그것은 무디성경학교 도시선교팀 사람들이라면 모두 경험했고 증거할 수 있는 부분이었다.

순결만은 지켜야 한다고 언제나 은연중에 생각했다는 얘기를 들을 때는 나 역시 공감했다.

주의 음성을 듣고, 주를 만나고, 주를 알게 되었는가?
너의 마음은 사로잡혀 있는가?

주님을 만나서 정말 알게 된 사람은 상상 속에서라도 저속한 생활에 다시는 만족하지 못하게 된다.

"수표장과 뉴욕에서의 방탕한 생활이 도움이 됐니?" 나는 물었다.

루스는 무안할 정도로 나를 빤히 바라보며 말했다.

"그게 도움이 안 된다는 것을 너도 알잖아."

고집스럽기는 하지만 사랑스럽고 솔직한 이 젊은 여성의 앞날을 위해 나는 얼마나 기도했는지 모른다. 나는 안개 낀 평지에서 그녀를 데리고 나올 수 있다고 생각했으나 루스는 다시 한 번 그 길로 빠지고 말았다. 어쨌거나 지금 그녀는 하나님의 편에 서 있다.

크고 두꺼운 나의 무디성경학교 사인북에는 네 쪽에 걸쳐 루스의 친필이 담겨 있다. 그 글은 세 부분으로 나뉘어 있다. 첫 부분은 그녀의 명석함이 빛나는 독특한 시로 되어 있다(루스는 무엇보다 문학에 은사가 있었다. 내로라하는 출판사들이 그녀의 원고에 관심을 가졌다. 그들은 나라는 존재에 대해서는 전혀 알지 못했다).

세 번째 부분에는 이런 글이 적혀 있다.

내가 이 글을 잘 마칠 수 있을지 걱정이다. 이번 장은 '위기의 루스' 편이라고 하지 뭐. 앞의 두 장에서 내가 하려고 했던 얘기는 이거야. 말 그대로 내가 너를 사랑한다는 거지. 있는 그대로, 순수하게, 단순하게 너를 사랑해. 너는, 아니 너라는 존재는 내게 정말이지 큰 의미야. 너는 내게 길을 보여주려고 애썼고 힘든 결단의 시기에 나와 함께 싸워 주었지. 나에게 그랬듯, 네가 중국인들에게도 그처럼 의미 있는 사람이 되는 것, 그 이상 바라는 것은 없어.

 루스는 나에 관한 모든 것을 알려고 했다. 내가 자존심 때문에 조금이라도 움찔하면 바로 알아차리고 작은 것 하나라도 놓칠세라 식당으로 쳐들어 왔다. 한번은 사전에 한 마디 말도 없이 어떤 여대생까지 데리고 식당으로 밀고 들어와 나의 일거수일투족을 지켜본 적도 있었다.
 하지만 루스의 그런 모습이 전부는 아니었다. 다정하고 인정이 많은 그녀는 내가 아름다움을 즐긴다는 사실을 알아냈다. 아마도 학생처장에게 허락을 받고 외식하려고 함께 나갔던 그날부터 알게 된 것 같았다. 밖에서 둘이 오붓하게 식사를 하니 훨씬 더 많은 얘기를 나눌 수 있었다.
 분위기 있는 커튼과 은은한 조명, 조용히 흐르는 클래식 음악에 즐거워하는 내 모습을 보고 루스도 흐뭇했던 모양이다. 그 후로 그녀는 특색 있고 아기자기하게 꾸민 찻집을 찾아내 나를 자주 불러내 주었다. 다른 학생들은 한 번 허락받기도 힘든 일이었지만, 루스 특유의 애교에 학생처장은 그만 우리의 외출을 허락해 주었다. 덕분에 아름다운 추억을 만들 수 있었다.
 하지만 루스가 돈을 펑펑 쓰는 모습에 놀라지 않을 수 없었다. 한번은 시카고를 떠나 있었는데 루스가 내게 편지 대신에 전보를 보내왔다. 편지를 쓰지 왜 비싼 전보를 치냐고 나무라는 편지를 보냈더니 "나를 뭘로 보는 거냐"라고 쓴 두 번째 전보가 도착했다. 정말이지 '못 말리는' 루스였다.

하지만 자기 말고도 '못 말리는' 사람이 또 있다는 사실을 루스도 알게 되는 날이 왔다.

1925년 여름, 나는 넬리 이모와 함께 캐나다에서 지냈다. 성경학교에 돌아와서는 전적으로 스스로 벌어서 학비를 대야 했다. 오후에 한 번 일하는 것으로는 부족해 하루에 세 차례씩 일해야 했지만 그래도 운이 좋은 편이었다. 교수식당에서 일하게 되었기 때문이다. 식사 때마다 30분 일찍 내려가 음식을 잘 준비해 두면 되었다. 교수들이 식사를 끝내면 한 시간 동안 설거지를 하고 식탁을 정리했다. 그러다보면 다른 학생들이 식사를 다 마치고 나서야 식사할 시간이 났지만 그리 힘든 일은 아니었다. 같은 크리스천들 사이에서 일하는 것이었고 내게 고함치는 이교도 미국인들이 없었기 때문이다. 시간을 엄수해야 하는 게 좀 까다로웠지만 다른 일자리들처럼 멀리 있지 않아서 오가는 데 시간을 절약할 수 있었다.

하루는 식사 준비를 하고 있는데 루스가 발걸음도 가볍게 식당에 들어섰다. 사전에 말 한마디 없이 또 들이닥친 것이었다.

"짠, 나 왔어!" 루스는 장난치듯 말했다. "나 할 말이 있어."

한창 바쁜 점심시간이 다 되어가기에 나는 시계 바늘을 쳐다보며 말했다.

"이따 밤에 보자. 그럴 수 있지? 네 얘기를 듣고 싶은 마음이 간절하지만 교수님들이 오시기 전에 이 일을 마쳐야 해. 이번 학기에는 풀타임으로 일해야 하거든."

예쁜 찻집에 가는 일도 이제는 끝이었다.

루스는 가만히 서 있다가 입을 쑥 내밀며 말했다.

"하지만 내 영혼에 관해 할 말이 있단 말이야. 그게 얼마나 중요한 일인데 이소벨은 여기서 무로 꽃장식이나 만들면서 '다음에'라고 할 수 있는 거야? 내가 또 언제 이런 얘기를 하고 싶게 될지 누가 안다고. 안 되겠어. 무슨 수를 내든가 해야지."

교수들이 식당에 들어오기 시작하자 루스는 자리를 떠야만 했다. 나 역시 기분이 좋지는 않았다. 루스가 아무 때나 마음 깊은 곳의 문을 열지 않는다는 것은 알지만 그렇다고 일손을 놓을 수는 없었다. 주님도 내가 직업에 충실하기를 바라실 거라고 생각했다. 나는 마음속으로 도와달라고 기도하면서도 계속해서 일했다.

루스도 그날 꽤나 분주했던 모양이다. 그녀는 다시 쾌활한 모습으로 내 방에 들어왔다.

"문제가 다 해결됐어!" 그녀는 즐거워하며 말했다. "귀염둥이, 이제 더 이상 식당에서 일하지 않아도 돼."(루스를 만나고 나서 확실히 나는 이런 애칭과 가벼운 입맞춤, 등 뒤에서 안는 것 같은 자잘한 애정 표현들에 푹 빠져 있었다. 우리 집 아이들은 내가 그런 애칭으로 불리는 것을 듣고는 놀려댔지만 루스는 그런 습관들이 그립다고 했다.)

"아버지에게 네 얘기를 했더니 앞으로 네가 이 학교에 다니는 동안 기꺼이 학비를 대주신다고 했어. 자, 그럼 이제 내가 얘기하자고 할 때마다 응해 줄 수 있는 거지? 다른 일들도 다 해줄 수 있지? 이게 다 주님이 해주신 일 아니겠어?"

루스는 천진난만한 아이처럼 기뻐했지만 나는 기뻐할 수만은 없었다. 어색한 침묵이 흘렀다. 루스의 아버지는 훌륭하고 정직한 분이기는 하지만 경마를 즐겼고 보통 사람들처럼 세상적인 방법으로 돈을 벌었다.

하지만 허드슨 테일러가 굳게 믿는 게 있었으니, 바로 하나님은 믿지 않는 사람들의 은혜나 돈을 필요로 하지 않고 또 사용하지도 않으신다는 믿음이었다. 하나님은 맘몬(돈)을 섬기는 사람들의 도움 없이 당신의 자녀들을 돌보시는 분이다. "주님이 주신 것이 아무리 작더라도 우리에게는 충분하다. 그러므로 우리는 구별되지 않은 돈을 받을 수 없다"라고 그는 말했다.

루스는 과연 내가 어떤 의미에서 돈을 거절하는지 이해할 수 있을까? 내가 구별되지 않은 돈은 받을 수 없다고 말하자 루스의 눈이 장난기로 반짝거렸다. 이런 생각을 하는 것 같았다.

'아버지가 이 얘기를 들으면 얼마나 재미있어 하실까?'

나는 미안한 마음에 쩔쩔매며 돈을 거절하는 이유를 설명했다. 내게 '구별된 것'이 진정으로 문제된다는 사실을 느낀 루스는 나의 거절을 조용히 받아들였다. 그 일이 있은 후로도 나는 계속해서 교수식당에서 일했다.

그러나 루스도 한 고집 한다는 사실을 깜빡했다. 일주일 남짓 후 나는 편지 한 장을 받았다. 지금 그 내용을 그대로 소개하는 것은, 루스가 직접 쓴 이 짤막한 글만큼 그녀의 매력을 드러내 주는 게 없기 때문이다. 편지에는 그녀 자신이 직접 지역 YWCA에서 교양체육을 가르치는 자리를 얻었다고 쓰여 있었다. 거기서 받는 월급으로 내 기숙사비를 충분히 충당할 수 있을 거라고도 했다.

"이 정도면 네가 사용할 수 있을 정도로 구별된 돈이라고 할 수 있지?"

그녀는 알고 싶어 했다. 아버지 돈은 단 한 푼도 섞이지 않을 것이라고 했다.

"자, 귀염둥이, 내가 직장에 다니게 된 걸 너도 잘된 일이라고 생각하지 않니? 네가 내 돈을 받으면 덕분에 나도 좋은 일을 하게 되고, 부모님에게 용돈 타서 쓰던 내가 어엿한 직장인이 됐으니 그 역시 좋은 일 아니겠니? 부디 내 돈을 받겠다고 말해."

결국 루스가 내 머리 위에 올라앉은 셈이고, 그런 루스를 나도 어쩌지 못했다. 1925년 마지막 학기를 위해 주님은 내게 그렇게 도움을 보내주셨다.

1925년 크리스마스 휴가 때 해리슨 씨 댁에 초대를 받았다. 노만 B. 해리슨 내외는 당시 세인트루이스에서 살고 있었는데, 그곳에서 해리슨 씨는 유명하고 유서 깊은 워싱턴-캄톤 장로교회의 목사였다. 그 집의 재능 있는 자녀들 여섯 명과 손님으로 초대받아 온 우리 두세 명이 함께 재미있는 가정파티를 열었다. 그곳 교회 교인들이 우리를 초대해 식사를 대접하며 즐거운 시간을 갖게 해주기도 했다. 무엇보다 날마다 음악과 재기발랄함이 넘치던 그 집안의 분위기가 마음에 들었다.

1926년 1월, 분에 넘치도록 여유 있는 생활을 계속 누릴 수 있겠지 하는 기대를 안고 무디성경학교로 다시 돌아왔다.

그런데 루스의 편지가 기다리고 있었다. 병이 났는데, 앞으로 교양체육 수업을 계속하기에는 무리라고 의사가 말했다고 했다. "내가 다시 건강해져서 직장에 다닐 수 있을 때까지만 부디 우리 아버지의 도움을 받았으면 해"라고 루스는 눈물로 호소했다. 하지만 나는 그 제안을 받아들일 수 없었다. 그것은 하나님이 내게 보여주신 방법이 아니었기 때문이다. 내게 지침이 되는 말씀들 가운데 하나가 히브리서 8장 5절이다.

"삼가 모든 것을 산에서 네게 보이던 본을 따라 지으라 하셨느니라."

한순간에 산꼭대기에서 골짜기 바닥으로 굴러 떨어졌다. 인생이란 게 그럴 때가 얼마나 많은지 모른다! 어느 순간에는 모든 것을 가진 것 같고 그렇게 신날 수 없지만, 다음 한 순간에 혹독한 가난과 힘든 일을 맞게 되는 것이다.

이제 다시 일자리를 찾아야 했다. 비교적 편했던 교수식당 자리를 이미 그만둔 터였고 그런 기회는 쉽사리 오는 게 아니었다. 이런 일이 있으리라고 전혀 예상하지 못했기 때문에 나는 그동안 씀씀이에 별 주의를 기울이지 않고 있었다. 그래서 걱정스러운 마음으로 수중에 돈이 얼마나 남아 있는지 확인해 보았다. 첫 달 기숙사비를 내면 11-12달러쯤 남을 것 같았다. 기숙사비를 선불로 내야 해서 간당간당한 형편이었다.

나는 즉시 취업소개서로 찾아가 일자리를 알아보았다. 조건이 비교적 괜찮은 일들은 모두 나가고 없었다. 게다가 친구들은 내가 학기 내내 후원을 받고 있다는 소리를 들어서 아무도 내게 가외로 후원금을 보낼 생각조차 하지 않았다.

그러나 주님은 나를 그냥 내버려 두지 않으셨다. 그것은 주님의 능력을 찾는 또 다른 기회였다. 주님은 내게 별로 내키지 않는 일도 기꺼이 다시 할 것을 요구하셨다.

하루는 가계부를 정리하다가 '아차' 하는 생각이 들었다. 분주하게 크리스마스를 보내느라 그만 마지막 수입에 대한 십일조를 깜빡 잊고 하지 않았던 것이다. 어떻게 하지? 당분간 십일조를 미루는 게 어떨까?

나는 잠시 깊은 생각에 빠졌다. 내 삶에서 가장 우선하는 것은 무엇인가?

"주님, 무슨 일이 있어도 주님이 제일 먼저입니다."

나는 나지막이 말하며 단호하게 십일조를 뗐다. 그러자 한 달 동안 차비와 잡비로 쓸 돈이 2달러도 남지 않았다. 일자리는 여전히 구하지 못한 상태였다.

마침내 취업소개소에서 내게 두 개의 일자리를 소개해 주었다. 하나는 옛날에 일했던 바로 그 식당에서 한창 바쁜 점심시간에만 일하는 자리였고, 또 하나는 야간 성경학교 학생들의 저녁식사 당번 자리였다. 정말이지 눈 코 뜰 새 없이 바빴다. 한참을 걸어서 식당에 출퇴근하고, 야간 식당 일까지 끝내고 숙소에 돌아와 평소보다 한 시간 늦게 잠자리에 드는 생활이 이어졌다.

그러자 건강에 이상신호가 오기 시작했다. 늘 마른 편이어서 거기서 체중이 더 줄어들면 위험했지만 살이 빠지기 시작했다. 2월이 되자 만나는 친구들마다 내게 초췌하고 피곤해 보인다고 말했다. 나 자신도 한계를 느꼈다.

"주님, 이러다 쓰러질 것 같아요. 그것이 주님의 뜻입니까?"

나는 홀로 기도했다.

어느 날 저녁, 나를 찾아온 사람이 있다면서 접견실로 오라는 호출을 받았다. 접견실에는 키 큰 신사가 인자한 미소를 띠며 서 있었다. 해리슨 박사였다. 특별강연을 하러 시카고에 온 김에 나를 보고 가려고 왔다고 했다. 그분은 악수를 하며 예리한 시선으로 나를 훑어보더니 이렇게 말했다.

"어떻게 지내나, 이소벨? 피곤해 보이는군. 너무 열심히 공부하는 거 아닌가?"

"사실 좀 피곤해요." 나는 대답했다. "박사님 댁에 있다가 학교에 돌아와 보니 다시 일하지 않으면 안 될 처지가 되어 있었어요. 마조리 양이 후원을 중단한 이후로 저를 도와주던 친구가 그만 몸이 좋지 않게 되어 더 이상 후원을 해줄 수 없게 되었거든요."

"이소벨." 해리슨 박사는 그윽하고 다정하게 내 얼굴을 찬찬히 살피더니 이렇게 말했다. "주님의 사전에 '중단'이란 없다는 게 놀랍지 않나? 주님은 절대 편찮으시지 않고 우리의 필요를 잊지 않으며 재원이 바닥나는 일도 없으시지. 지난 크리스마스에 우리 집에 있을 때 보일 양의 초대를 받아 마조리 양과 함께 식사하러 나간 거 기억나나?"

"그럼요. 정말 멋진 시간이었는걸요."

보일 양은 해리슨 목사가 시무하는 교회에 다니는 부유한 교인이었다. 그녀는 보통 사람은 들어가기는커녕 감히 쳐다볼 엄

두도 못내는 고급 아파트에 살고 있었다. 마조리 양 덕분에 나도 그 집에 초대를 받았다. 보일 양은 내게 깍듯하게 손님 대접을 했지만 그 이상의 관심은 보이지 않았다. 하지만 나는 아무렇지 않았다. 오히려 덕분에 보다 더 맘 편하게 방에 있는 아름다운 가구들을 감상하며 식사를 즐길 수 있었다. 주님은 늘 충족하게 주시는 분이었다!

"아무 것도 없는 자 같으나 모든 것을 가진 자로다."

바울이 무슨 뜻으로 이 말을 했는지 알 것 같았다.

해리슨 목사는 계속 말했다.

"내가 떠나기 직전에 보일 양을 만났는데 무디성경학교에 강연을 하러 갈 거라고 말하자 이렇게 얘기하더군. '생각해 보니 제가 무디성경학교에 기부를 한 적이 없어요. 일전에 우리 집에 마조리 양과 함께 와서 점심 먹었던 그 젊은 친구를 돕고 싶은 마음이 드네요.' 그러더니 내게 200달러짜리 수표를 건네주지 뭔가. 처음에는 이 돈을 한 번에 10달러씩 나눠서 주려고 했는데, 이제 보니 자네에게 지금 그 돈을 다 주는 게 나을 것 같네."

아, 200달러가 이렇게 쉽게 생기다니! 하나님은 정말이지 여러 부분에서, 여러 모양으로 도우시는 분이 아닐 수 없다.

나는 이렇게 외쳤다. "그러면 지금 일자리 중 하나는 그만둬도 되겠네요. 한숨 돌리게 될 것 같아요."

"돈은 내일 주겠네." 주님의 종은 그렇게 말하고 갔다.

덕분에 나는 저녁 일을 그만둘 수 있었다. 점심시간 일은 썩 마음에 들지 않았지만 근무 시간에 비해 수입이 괜찮아서 계속 하기로 했다. 이렇게 해서 다른 보조금을 보태어 그해 여름까지 그럭저럭 학교생활을 할 수 있었다.

마지막 학기가 되었을 때(1926년 10-11월) 나는 다시 한 번 완전히 고학을 해야 하는 처지가 되었다. 취업소개소의 알선으로 사역 실습과의 프랜시스 앨리슨 선생과 인연이 닿아 돈을 받고 주일에 일할 수 있는 특별한 자리를 얻었다. 세인트 찰스 소년원의 주일 피아노 반주자가 된 것이다. 정부에서 돈이 나오는 일이었다. 가슴까지 차오르는 부담감을 안고 나는 앨리슨 선생에게 솔직히 말했다.

"제가 독학으로 배운 거라 사람들 앞에서 반주할 만큼 피아노를 잘 치지는 못해요. 게다가 전에는 음악을 전공한 학생들이 이 일을 맡았다고 들었어요."

"맞아요." 앨리슨 선생은 대답했.

"하지만 이소벨 양이 저녁 예배 시간에 피아노 반주를 하고 있다는 얘기를 들었어요. 그 정도라면 이 일도 잘 해낼 수 있을 거예요. 전도 집회 반주 때 팁도 챙겨서 주라고 직원에게 얘기해 놓을게요. 여기서 피아노 반주 연습도 할 수 있게 하고요.

내가 당신을 선택한 이유는, 이 일이 개인 사역을 할 수 있는 아주 좋은 기회이기 때문이에요. 여태껏 아이들을 돌봐온 사람이 있었지만 병이 들어서 후임자가 왔는데, 그 친구는 아이들을 전혀 다룰 줄 몰라요. 소년원이 어떤 곳인지 알죠? 학교 수업을 빼먹는 아이에서 살인한 아이에 이르기까지 별별 문제아들이 다 모여 있어요. 놀랍게도 몇몇 아이들이 마음을 돌이켜 주님을 영접했는데 그런 일이 호지부지되지 않았으면 해요.

공식적으로는 오전과 오후 예배 때 피아노 반주를 하겠지만, 막간을 이용해 양호실에 누워 있는 아이들을 방문할 수도 있고, 찾아오는 아이들을 개별적으로 만날 수도 있어요. 소년원에서 두 끼를 해결할 수 있으니 돈도 절약될 거예요."

나는 두렵고 떨리는 마음으로 그 제안을 수락했다. 그 후 넉 달 동안 매 주일마다 가슴 설레는 경험을 하게 되었다. "내 능력이 약한 데서 온전하여짐이라"는 고린도후서 12장 9절 말씀을 실현하는 기회였다.

아침 예배 때 주일학교에서 가르치던 선생이 임시로 아이들을 영적으로 돌보는 일을 하고 있었는데, 그는 자신이 이런 일에 경험이 없음을 절감하고 있었다. 나 역시 가끔이지만 피아노 독주를 하게 될까 봐 덜덜 떠는 풋내기 반주자였다. 정말이지 우리는 약한 사람들이었다.

그럼에도 많은 아이들이 주님을 영접하기로 결단한 것은 오직 주님이 하셨고, 주님이 높임을 받으실 일이 아닐 수 없었다.

세인트 찰스 소년원에서 일어난 일만으로도 이 한 장을 채우고도 남지만 원래 얘기하던 재정 이야기로 돌아가겠다.

사실 피아노 반주를 하고 받은 돈은 그리 많지 않았다. 그래서 다른 일자리를 더 찾아야 했다. 취업소개소에서 또 식당 일을 소개받았다. 마침 근무 시간이 내 일과와 가장 잘 맞았다. 미시간 대로 근처에 있는 이 고급 찻집은 개인 주택을 사용하고 있었다. 오후와 저녁 시간에 가서 일하기로 했는데 약속받은 월급이 제법 되었다. 손님들은 대부분 부자 동네에서 온 고소득자들이거나 화이트칼라들이었다. 월급 말고도 팁도 제법 받을 게 분명했다.

찻집 주인은 맥 부인이라는 미망인이었는데, 도덕적으로 어떤 사람인지 알아보니 믿을 만했다. 마지막 학기에는 추가로 들어갈 돈이 많을 텐데 좋은 일자리를 얻게 되어 기뻤다.

일도 무척 마음에 들었다. 맥 부인은 품위 있고 상냥한 남부의 중년여성이었다. 찻집은 잘 꾸며져 있었고, 음식은 맛있었으며, 손님들은 다들 점잖았다. 차츰 팁을 많이 받게 되면서 손님들이 우르르 들어올 때마다 절로 마음이 흐뭇해졌다.

그런데 출근한 지 한 달이 채 안 된 어느 날 아침, 찻집에 들어서다 고함 소리가 오가는 것을 들었다. 요리사가 맥 부인에게 욕을 퍼붓고 있었고 부인은 전화기 옆에 서 있었다.

"이소벨, 이 방에 나와 함께 있어 줘요." 맥 부인은 얼굴이 새빨개져서 소리쳤다. "이 여자가 날 죽이려고 위협하고 있어요. 지금 경찰에 전화했으니까 경찰이 와서 저 여자를 끌어내기 전까지 같이 있어 줘요. 무서워서 저 여자와 단 둘이는 못 있겠으니."

"월급만 주면 되지 경찰은 뭐 하러 불러!" 요리사도 흥분해서 소리를 버럭버럭 질렀다. "이소벨, 당신 참 좋은 직장 구했소. 사장이라는 저 여자는 아무한테도 돈을 주지 않아. 내가 여기서 두 달 동안 일하면서 땡전 한 푼도 받지 못했다고. 푸줏간에도, 빵집에도 죄다 외상이야, 저 여자는…"

"닥쳐! 이 거짓말쟁이야." 맥 부인은 소리쳤다.

그들은 키다리 경찰관이 와서 요리사를 연행해 갈 때까지 계속 큰소리로 싸워댔다.

가슴이 철렁 내려앉았다. 상당한 액수의 월급, 과연 받을 수 있는 걸까? 하필 월급날인 오늘, 이게 도대체 웬일이람?

30분도 안 되어 새 요리사가 도착했고 손님들을 맞이할 시간이 되었다. 나는 테이블 사이를 바쁘게 오가면서도 마음이 복잡했다. 맥 부인에게 월급을 달라고 해야 하나? 아니면 월급을 받을 수 있도록 하나님이 부인의 마음을 움직여 주시기를 기도하고만 있어야 하나? 마침내 그날 일을 마치고 나는 결심했다.

'부인이 끝내 월급을 주지 않으면 얘기를 해야지.'

과연 부인은 월급을 주지 않았다. 오늘이 월급날이라는 것을 기억조차 하지 못하는 것 같았다.

"사장님." 나는 모자를 쓰고 코트를 입으며 말했다. "내일은 새 달이 시작되는 날이에요. 학교에 기숙사비를 내야 하고요. 제 월급을 주셨으면 하는데요."

부인은 머뭇거리더니 천천히 왔다 갔다 하며 이렇게 말했다.

"오늘 갑자기 목돈을 쓸 때가 있어요. 지금은 반만 받고 나머지는 나중에 받아가요."

두려워하던 일이 벌어졌다. 쫓겨난 요리사가 한 말이 맞았다. 맥 부인이 종업원들의 월급을 상습적으로 떼먹는다는 것이었다. 말은 번드르르하게 해도 속 빈 강정이나 다름없었다.

또 한 번 위기를 맞았다. 이 일을 학교에 알리면 당장 그만두라고 하겠지만, 이제 와서 달리 어디서 일자리를 구한단 말인가? 그나마 여기서는 팁이라도 받는데….

실제로 지난 한 달 간 받은 팁과 오늘 맥 부인이 준 돈을 합치면 애초에 부인이 약속한 월급과 액수가 거의 비슷했다. 그러고 보니 좋은 생각이 떠올랐다.

"사장님." 나는 진지하게 말했다. "저는 크리스천이에요. 필요한 게 있을 때마다 하나님께 직접 간구해 왔어요. 제가 이곳에서 대가 없이 일해 드릴 수는 없어요. 하지만 평소 손님들에게 받는 팁을 잘 계산해 두었다가 주말에 사장님에게 액수를 말

쏨드릴게요. 그러면 사장님이 처음 약속하신 월급에서 모자란 만큼만 제게 돈을 주셨으면 해요. 저는 그것으로 만족할게요. 팁이 충분히 나올 수 있도록 손님들의 마음을 움직여 달라고 사장님과 제가 주님께 같이 간구하기로 해요."

맥 부인의 얼굴이 붉어졌다. "어떻게 그럴 수 있겠어요, 이소벨. 팁은 원래 이소벨 몫인데."

"사장님이 원래 약속하신 액수의 월급만 받을 수 있다면 저는 그걸로 됐어요." 나는 대답했다.

"참 착하기도 하지."

부인은 서글픈 듯 말했다. 그러고 나서 마음을 열고 고민을 털어 놓았다. 맥 부인이 작정하고 사람들을 속인 것은 아니라고 믿는다. 다만 절제할 줄 모르고 계획성 없는 데다가 남의 돈을 가져다 쓰는 데 가책을 느끼지 못하고 돈이 바닥날 때까지 마음대로 썼던 것이다.

토요일마다 일주일 동안 받은 팁의 액수를 정직하게 부인에게 보고했다. 팁은 계속해서 불어났다. 급료를 목돈으로 주는 것보다 푼돈으로 주는 것이 부인에게 더 쉽게 느껴진 것 같았다. 생각해 보면, 맥 부인이 꾸준히 돈을 지불하며 고용한 종업원은 나밖에 없었던 것 같다.

나는 기회가 날 때마다 부인에게 주님을 믿고 구원을 받으라고 얘기했다. 맥 부인은 내 말에 귀를 기울이고 고개도 자주 끄

덕였지만, 내가 보기에 내면의 거듭남은 전혀 일어나지 않았다. 나는 그녀에게 구원을 받으려면 주님을 믿어야 한다고 말했다. 그녀는 정직하지 못한 사고방식이 뿌리박혀서 양심의 가책조차 느끼지 못하는 것 같았다.

새 요리사들이 왔지만 불과 6-8주를 넘기지 못했고 처음과 비슷한 상황이 벌어지곤 했다. 큰 거래처인 푸줏간과 식품점들에게는 소송이 걸리지 않을 정도로만 대금을 치렀다. 하지만 언제까지 그런 식으로 장사를 할 수는 없는 일이었다.

12월 어느 아침, 찻집에 들어가 보니 아무도 없었다. 주방에서는 음식 준비를 하지 않았고 점심 손님을 맞이할 준비가 하나도 되어 있지 않았다. 맥 부인을 불러 보았지만 아무 대답이 없었다. 이 아름다운 고저택의 위층 방은 세를 주고 있었는데, 세입자 중 한 명이 내 소리를 듣고는 아래층으로 내려왔다. 어디론가 나가는 차림이었다.

"한바탕 난리가 났어요." 그녀는 낮은 목소리로 말했다. "무슨 일인지 잘 모르겠지만 주인이 파산한 것 같아요. 요리사는 왜 월급을 안 주냐고 길길이 뛰고, 주인은 차라리 죽고 싶다고 소리 지르고…. 설마 맥 부인이 지하실에 내려가 목매달고 죽은 건 아니겠죠? 혹시 모르니 한번 내려가서 확인해 봐요. 나는 사무실에 나가는 길이라. 그럼 이만."

나 혼자 빈 홀에 남았다.

소름끼치는 경험이었다. 사방이 무덤처럼 조용했다. 문득 지하실 천장에 매달려 축 늘어진 부인의 시신과 마주치는 끔찍한 장면이 상상되었다. 온몸이 덜덜 떨렸다. 지하실 문을 열고 내려갈 용기가 차마 나지 않았다. 아무리 기도해도 도무지 용기가 나지 않았다. 스스로를 탓하고 타일렀다. 이만한 일에 심장이 쪼그라들면 어떻게 중국에 가서 선교를 할 수 있겠느냐고 주님께 묻기도 했다. 하지만 단 한 발자국도 움직일 수 없었다.

한 시간쯤 지났을까?

베란다에서 발자국 소리가 들리기에 기를 쓰고 뛰어나갔다. 맥 부인이 오고 있었다.

"오, 이소벨." 부인은 무겁게 한숨을 쉬며 말했다. "이소벨을 깜빡했네. 이제 찻집은 문을 닫기로 했어요. 망했거든. 빚쟁이들이 건물을 인수하려고 오고 있어요. 난 빈털터리예요. 가만히 앉아서 기다리자니 답답해서 밖에 나갔다 오는 길이죠."

"아주머니, 저는 아주머니가 주님을 영접했으면 좋겠어요."

도움이 될까 싶어 한 말이지만 부인의 마음에 와닿지 않는 것 같았다. 부인은 내게 고마워하고 정도 많이 주었지만 영적으로는 빈껍데기였다. 부인은 자신이 죄인이라는 사실을 알지 못했다. 그것을 아는 것이 하나님을 아는 첫 걸음인데 말이다. 그렇게 우리는 헤어졌다.

졸업을 불과 몇 주 앞두고 나는 다시 한 번 곤경에 처했다. 수

입이 전혀 없었다! 당시의 두 가지 일이 기억난다. 어머니가 내게 은접시 세트를 물려주신 게 있었는데, 아버지가 그것을 50달러에 사기로 하신 것이었다. 그게 큰 도움이 되었다.

그 다음, 학비를 내야 할 날이 다가오는데 5달러가 모자랐다. 그 문제를 놓고 기도했지만 달라지는 건 없었다. 마침내 학비를 내야 하는 날 아침, 나는 5달러가 든 편지 한 장을 받았다. 연세 지긋한 어느 크리스천 부인이 아버지를 만나 내가 돈을 벌며 힘들게 무디성경학교에 다니고 있다는 얘기를 전해 듣고는 그런 선물을 보내신 것이었다. 그 부인이 내게 학비를 보내준 일은 이전에도 없었고 이후에도 없었다. 다만 돈이 꼭 필요하던 그날 아침에 5달러가 도착했다.

여러 부분에서, 여러 모양으로 언제나 하나님의 선한 손길이 내게 임했다. 하나님은 허드슨 테일러를 위해 멋지게 역사하셨는데, 무디성경학교를 다닌 지난 2년 4개월을 돌이켜 보건대, 주님은 이 작고 이름 없는 학생인 나를 위해서도 그만큼 멋지게 역사하셨다. 내가 찾고 구하기만 하면 하나님은 나의 재정적인 필요를 채워 주시는 신실하신 분이었다. 하나님은 당신을 믿고 순종하는 자녀들이라면 누구나 이와 같이 돌보실 것이다.

11

졸업과 CIM 후보생

::
모두의 박수를 받으며 성경학교를 마쳤다면
나는 아마 시작하자마자 넘어지고 말았을 것이다.
하나님의 정교한 일을 맡기 전에 나의 자신만만함은
완전히 깨질 필요가 있었고 실제로 그렇게 되었다.

1926년 12월, 무디성경학교를 졸업하면서 여학생 졸업생 대표로 뽑혔다. 나는 연단에서 어떤 얘기를 할지 기도로 준비하다가 요한복음 20장 25절에 나오는 도마의 말에 착안해 '못 자국'이라는 제목의 메시지를 준비했다.

"내가 그의 손의 못 자국을 보며 내 손가락을 그 못 자국에 넣으며 내 손을 그 옆구리에 넣어 보지 않고는 믿지 아니하겠노라." 요 20:25

이것은 오늘날 예수를 믿지 않는 세상이 기독교 교회에 무의식적으로 자주 하는 대표적인 말이다. 우리 주변의 불신자들은 그저 평범하거나 잘난 척하는 기독교에 존경을 보내기는커녕 아무 관심도 보이지 않는다. "그렇게 가치 있는 신앙이라면 왜 희생을 치르지 않느냐?" 하는 것이 그들의 시큰둥한 태도다. 하지만 인생의 어느 순간에 '못 자국'을 보게 된다면 그들은 도전을 받을 것이고, 도마가 그랬던 것처럼 예수님을 발견하고는 엎드려 이렇게 울며 소리치게 될 것이다.

"나의 주님, 나의 하나님!"

나는 이 주제에 대해 깊이 생각하고 내가 받은 감동을 다른 영혼들에게도 전해 주고 싶었다. 그런데 졸업생 대표 메시지는 원고를 사전에 작성해서 교리나 문법적으로 오류가 없는지 점검을 받고 모두 외워서 해야 했다. 이 점이 좀 신경 쓰였다. 원고를 외우는 거야 별 문제가 없지만, 자유롭게 이야기할 수 없는 상황에서 과연 가슴에서 우러난 메시지를 전할 수 있을까 하는 의구심이 들었다.

당시에는 사람들 앞에서 얘기할 기회가 상대적으로 적었기 때문에 그렇게 할 수 있을지 잘 몰랐다. 다만 연단에 서서 외운 원고를 줄줄 읊는다는 게 좀 답답하게 느껴졌다. 하지만 규칙은 규칙이었고, 나는 학교를 다니던 내내 노력했던 그대로 규칙을 따랐다.

아버지가 졸업식에 참석하기 위해 시카고에 오셨고, 보일 양이 내게 흰색 실크 드레스를 보내주었다. 그동안 보일 양과는 서로 연락을 하지 않은 터였다. 실제로 그 해 학기 초에 200달러를 받은 것 말고는 그녀에게서 아무 소식도 듣지 못했다. 그즈음 내가 실직 상태여서 졸업식 때 입어야 할 흰 드레스를 살 돈이 없다는 사실을 아무에게도 얘기하지 않았는데 드레스가 온 것이었다.

게다가 무디성경학교에서 규정한 여학생 옷은 소매가 팔꿈치 아래로 내려오고, 치마 기장은 바닥에서 23센티로 정해져 있었다. 1926년의 패션 스타일은 학교의 규정보다 짧았지만, 보일 양이 보낸 드레스의 치수를 재보니 모든 규정에 들어맞아 옷을 따로 수선할 필요조차 없었다!

보일 양의 선물은 여기서 끝났고 그 후로는 한 번도 그녀의 소식을 듣지 못했다.

나는 연단에 올라가면서 갑자기 충동적으로 원고를 학생 부회장인 앤 바르에게 건네주었다. 내가 연단에서 긴장한 나머지 외운 것을 잊어 버리면 뒤에서 살짝 알려 달라는 뜻이었다. 사실 지도 교수 앞에서 설교를 한 번 이상 예행 연습했기 때문에 자신은 있었다.

이윽고 이름이 호명되고 나는 청중들 앞에 섰다. 생각했던 것만큼 떨리지 않았고 편안하게 시작을 했다. 하지만 설교를 하면서 그저 원고를 암송하고 있을 뿐 감동을 제대로 전달하지 못하고 있다는 생각이 들었다. 메시지가 청중들의 마음을 파고들지 못하고 겉도는 느낌이 들면서 초조해진 나는 그만 다음 단락의 내용을 잠시 잊고 말았다. 뒤에 있던 앤이 얼른 내게만 들리게 작은 목소리로 내용을 알려 주었다.

잠깐 사이에 일어났지만 그것은 내게 하늘이 무너지는 일이었다. 발표를 마치고 자리로 돌아와 고개를 떨구었다. 나머지 프로그램들이 얼른 끝나서 내 방으로 달려가고 싶은 심정이었다. 방으로 돌아온 나는 말할 수 없는 수치심에 무릎을 꿇었다.

'완전히 망쳤어.'

창백한 12월의 햇살이 도시의 무거운 공기를 가르고 내게 살며시 비쳤다. 그 순간 갑자기 주님이 거기에 계시는 것을 느꼈다. 주님의 사랑이 나를 감싸는 것 같았다. 주님은 말씀하셨다.

"괜찮다, 애야. 잘했든 못했든 이제 끝났잖니. 내 사랑은 변함이 없단다."

> 여호와의 사랑을 입은 자는 그 곁에 안전히 살리로다 여호와께서 그를 날이 마치도록 보호하시고 그를 자기 어깨 사이에 있게 하시리로다. 신33:12

주님이 바로 곁에서 말씀하시는 것 같았고, 나를 감싼 주님의 격려와 따스함은 길르앗의 향유처럼 괴로워하는 내 영혼을 치유해 주었다. 나는 차츰 진정되었고 편안한 마음으로 주님께 의지하며 그분의 사랑을 깊이 들이마셨다.

그것은 놀라운 체험이었고, 나는 영적으로 위로를 얻고 더 이상 수치심에 사로잡히지 않게 되었다. 주변의 기대에 부응하지 못한 것은 정말 미안한 일이지만 그로 인해 마음에 상처를 입지는 않았다. 내가 실패했던 그날에 하나님이 내게 한없이 부어주셨던 사랑 덕분이었다. 그날의 일은 결코 잊지 못할 것이다.

졸업 후 중국내지선교회 토론토 지부에서 선교사 후보생 모집이 있었다. 지원자 모집은 그해 8월에 이미 한 차례 있었고, 그때 캐슬린 쿤과 그녀의 오빠 존과 그 외 여러 명이 합격해서 10월에 중국으로 떠나는 배를 탔다.

한겨울에 지원한 사람은 나 혼자였다. 내가 우리 집이 있는 서부 해안으로 떠나려고 할 참에, 선교회에서는 나더러 졸업식을 마친 즉시 토론토로 오라는 결정을 내렸다. 토론토는 나의 고향이기 때문에 그곳에 아는 친척과 친구들이 있었다. 아버지는 거기서 잠시 그분들의 신세를 지면서 서부 해안으로 가기 전까지 함께 지내기로 했다.

페이지 아빠가 우리를 배웅하러 기차역에 오셨다. 내가 걱정스럽게 보였는지 아니면 슬픈 표정이었는지 아니면 그저 피곤한 모습이었는지 모르지만, 페이지 아빠는 갑자기 다정한 표정으로 내게 몸을 기울이며 이렇게 격려해 주셨다.

"걱정하지 말거라, 이소벨. 선교사 훈련이라고 해서 겁낼 거 없다. CIM은 너를 어릴 때부터 알고 있지 않니."

나는 그의 다정한 격려와 성경학교 시절 내내 아버지처럼 돌봐 주심에 감사드렸다. 이윽고 기차가 출발했다.

E. A. 브라운리 목사 내외가 토론토 선교센터의 책임을 맡고 있었다. 로이 시맨 씨는 안식년을 맞이해 가족들과 함께 휴가차 선교센터에 머물다가 내게 중국어를 가르치는 임무를 맡게 되었다. 선교사 훈련생들은 대개 영어 알파벳에 상응하는 어려운 한자들과 그 밖의 간단한 어원들을 익혀야 했다. 동시에 나는 선교회 후원자 중 한 명인 미망인을 곁에서 돕는 일을 맡았다. 부인은 남편과의 사별로 몹시 힘들어하고 있었다. 유족들은 CIM 센터의 조용하고 기도하기 좋은 분위기가 그녀에게 도움이 될 것이라고 생각했다.

선교센터에는 브라운리 내외의 아들 데이너가 있었고, 그 외 다른 젊은이로는 아이다 맥킨스가 있었다. 아이다는 이미 무디 성경학교에서 만났는데, 페이지 아빠의 깜짝 생일파티를 주선하고 내게 존을 소개시켜 준 사람이 바로 그녀였다. 우리는 곧 친해졌다. 그녀는 나보다 일찍 성경학교를 졸업하고 중국내지 선교회에 지원했지만 건강진단에서 통과하지 못해 중국에 가지 못했다. 중국 선교를 꿈꾸었던 그녀는 한센인 선교회에서 일하게 되었지만 다른 곳에 숙소를 정할 때까지 선교센터에 머물러도 좋다는 허락을 받았다.

아이다 덕분에 선교사 훈련생 시절이 즐거울 수 있었다. 그녀는 정말 주님을 사모하는 자매였고 우리는 영적인 면에서 서로 통했다. 유머 감각도 뛰어나 내 기분을 잘 맞추기도 하고 풀어 주기도 했다. 성격이 급하고 충동적인 데다 딴 생각에 잘 빠지는 나는 실수투성이였다. 선교센터에 온 지 하루도 채 못 되어 첫 번째 실수를 저질렀다.

브라운리 씨의 철저하고 빈틈없는 운영에 대한 소문을 이미 들은 터라 분명 그 실수도 내 탓이었을 텐데, 결정적으로 나는 하루의 일정이 어떻게 돌아가는지 알지 못했다. 분명 하루 일과에 대해서는 얘기해 주었을 것이다. 그때 내가 잠시 딴 생각에 빠져 있었던 것 같다. 하지만 일과 시간을 다시 묻기가 창피했다. 대신 식사나 모임이 있을 때마다 울리는 종소리를 주의 깊게 듣기로 했다.

첫날 아침은 그럭저럭 잘 지냈다. 그런데 오후 1시 30분에 땡땡하는 종소리에 깜짝 놀랐다. 무슨 종소리일까? 아이다의 방에 달려가 보았지만 아이다는 없었다. 한 소녀가 복도를 닦고 있길래 그녀에게 물어보았다.

"이게 무슨 종소리예요?"

그녀는 나를 이상하다는 듯 쳐다보더니 이렇게 말했다.

"기도회 종소리잖아요."

첫날부터 훈련생이 기도회에 빠져서는 안 될 일이지!

나는 서둘러 말했다. "미안하지만, 새로 와서 그런데 기도회 하는 방이 어디죠?"

소녀는 사무실 건물을 가리키며 말해 주었고 나는 얼른 거기로 뛰어갔다. 문은 닫혀 있었지만 안에서 웅성거리는 소리가 나서 이 방이 틀림없지 싶었다. 조용히 문을 열었다. 하도 긴장해서 그 방에 직원들만 앉아 있다는 사실을 깨닫지도 못했다!

"늦어서 죄송합니다."

나는 우물거리며 자리에 기어들 듯 앉았다. 그들은 다소 뜬금없어 하는 것 같았지만 이내 나를 정중하게 맞이했다. 여느 기도회와 별반 다를 게 없었다! 기도회 후 브라운리 부인이 오더니 오후 1시 반 모임은 직원기도회이므로 참석할 필요가 없다는 얘기를 친절하게 전해 주었다.

내 얘기를 듣고 아이다는 배꼽이 빠져라 웃으며 놀려댔다.

"직원들이 아마 그 시간에 너에 대해 얘기하고 있었을 거야."

그러고 나서 내가 언제 어느 모임에 참석하면 되는지, 또 어느 모임에는 참석할 필요가 없는지 일일이 알려 주었다.

토론토 선교센터에서 3-4주 머문 후 나는 위원회의 면접을 보게 되었다. 아주 중요한 면접이었기 때문에 상당히 긴장되었다. 나는 순발력 있게 즉시 대답하는 일에는 서툴렀다. 최선의 답을 생각하고 준비하기 위해 뜸을 들이는 편이었다. 어쨌거나 어느 날 오후 면접을 치렀다. 그날 저녁 식사 후 브라운리 씨가 불러 결정된 사안을 들으러 응접실로 갔다. 브라운리 씨는 이런 비슷한 말을 했다.

"위원회는 오늘 당신의 답변에 매우 만족했어요. 여기 선교 센터의 식구들도 당신과 즐겁게 지냈습니다. 그런데 위원회가 당신에게 말하기 아주 어려운 문제에 대해 전해 달라는 부탁을 하더군요. 당신의 신원보증인들 중에 당신을 추천하지 않은 사람이 한 명 있다는 겁니다. 당신이 교만하고 규칙을 잘 지키지 않기 때문에 언젠가 말썽이 될 수도 있다는 의견이었습니다. 수년 동안 당신을 알고 지내온 사람이기 때문에 위원회는 이런 지적을 그냥 지나칠 수 없다고 생각했습니다."

"누가 그런 거죠?" 나는 그저 당황스러워 얼른 물었다.

"CIM은 보증인들의 신뢰를 저버리지 않습니다. 우리는 당신이 선택한 보증인들뿐 아니라 당신과 관련된 사람들 중 몇몇에게 직접 신원보증을 부탁하기도 합니다. 모든 보고들은 비밀로 할 것을 약속하고요. 그가 누군지 가르쳐 줄 수는 없지만, 이와 같은 성격이 선교 현장에서 일으킬 수 있는 문제들에 대해 얘기했으면 합니다."

그는 한 시간가량 간곡한 충고를 하고는 위원회의 결정을 전했다.

"위원회는 당신을 조건부로 받아들이기로 결정했습니다. 지금 중국에선 외국인에 대한 좋지 않은 감정이 아주 심각해져서 새로이 선교사를 더 파송할 수 없는 상황입니다. 일단은 기다리면서 상황을 지켜봐야 합니다. 그 사이에 문제시 된 당신의 성격이 드러나는지 위원회에서 살펴볼 것입니다.

이 같은 조치를 당신만 알고 다른 사람에게는 알리지 않기를 바랍니다. 성격상의 문제를 극복했다는 것이 증명되면 서부위원회의 면접을 거쳐 정식으로 허입을 받고 중국에 파송될 것입니다. 대신 우리는 당신이 이 문제를 잘 극복하리라고 보고 중국으로 출발하기 전 밴쿠버까지의 기차비를 지불하기로 합의했습니다. 이런 소식을 전하는 게 우리한테도 쉬운 일이 아니라는 걸 알아 주셨으면 합니다."

실제로 그는 우울하고 피곤해 보였다. 정신이 아득해질 만큼 충격적인 일을 당한 와중에도 그에게 미안한 마음이 들었다.

"안녕히 주무세요" 하고 침실로 갔지만 잠들 수 없었다. 그 신원보증인은 도대체 누구일까?

교만하다, 순종적이지 않다, 말썽의 소지가 있다. 교만하다는 소리를 들은 것은 이번이 세 번째였다. 처음 그 얘기는 몇 달 전에 페이지 아빠에게 들었다. 그분이 그 문제에 관해 내게 진지하게 말씀하셔서 몹시 당황스러웠다. 왜냐하면 교만은 나와 상관없는 인간의 취약점 중 하나라고 생각했기 때문이다. 페이지 아빠가 내가 보고 배워야 할 모범으로 특정 학생을 거론하지만 않았어도 그 얘기를 깊이 새겨들었을 텐데….

그 학생은 교직원들에게는 잘 보였지만 내가 가까이에서 지켜본 모습은 좀 달랐다. 그녀는 남몰래 학교의 규칙을 어기고 남자친구에게 자신의 나이마저 속였다. 페이지 박사가 그녀의 실상을 알았다면 결코 그 학생을 모범적이라고 하지 않으셨을 것이다. 그래서 나는 박사님이 우리 두 사람 모두에 대해 잘 모르고 말씀하신다고 결론 내리고 그의 충고를 귀담아 듣지 않았다. 하지만 이러한 결점으로 인해 나는 훗날 중국에 있을 때 실제로 고통스러운 경험을 하게 되었다.

지금 생각해 보면, 페이지 박사는 내 인생의 결점을 제대로 간파하셨고, 다만 본받아야 할 모범을 잘못 지적하셨을 뿐이다.

나는 이기적이기는 했다. 나는 내 마음대로 세상을 두 부류, 나의 관심을 끄는 사람과 그렇지 못한 사람으로 나누었다. 하지만 나 자신이 교만하다고 생각지는 않았다. 나는 주로 가난하거나 학교교육을 제대로 받지 못한 사람들에게 관심을 가졌고, 그들을 대할 때 사회적으로 지위가 있거나 학식 있는 사람들을 대할 때만큼이나 따뜻한 모습을 잃지 않았기 때문이다.

하지만 내가 관심 없어 하는 사람들에게는 확실히 내 모습이 교만하게 보였을 것 같기도 하다. 그런 사람들을 상대하느라 시간 낭비할 필요가 없다고 생각했고 자연히 태도도 쌀쌀맞았을 것이다. 물론 이것은 선교사에게 중대한 결격 사항이겠지만, 나는 그 뿌리가 교만보다는 이기심에 있었다고 본다.

다음으로 지적 받은 '불순종'의 문제. 이 대목에서 나는 얼마나 억울했는지 모른다!

무디성경학교에는 지키기 어려운 규칙들이 많이 있었다. 이후로 그 규칙들은 개정되었지만, 당시에 나는 학교에 들어가면서 규칙을 지키겠다고 약속했기 때문에 꼼꼼하게 규칙을 따랐다. 그것은 내게 명예가 달린 일이었다.

예를 들어, 세탁같이 사소한 일만 해도 그렇다. 학생들의 방에는 세면대가 있었지만 거기서 양말 한 켤레 외에 빨래하는 것은 금지되었다. 당시 랜섬 홀에는 세탁실이 없었기 때문에 세탁을 한 번 하려면 다른 기숙사 건물로 지친 발걸음을 옮겨야 했다. 또 매번 사감에게 허락을 받아야 했기 때문에 시간이 더 들었다. 그마저 사감을 항상 만날 수 있는 것도 아니었다.

그러니 한 번 세탁하는 게 보통 번거로운 일이 아니었다. 그런데 앞서 페이지 박사가 모범으로 삼으라던 그 여학생은 자기 방에서 속옷을 몽땅 빠는 것은 다반사였고, 가끔은 감독이 소홀한 틈을 타서 잠옷까지 빨아서 라디에이터에 올려놓고 말렸다!

내가 지적을 하면 "불합리한 규칙이야"라는 대답만 했다.

하지만 나는 규칙을 지키기로 약속했기 때문에 아무리 피곤해도 다른 기숙사 건물로 가서 세탁을 했다. 그런데 이제 와서 CIM에게 규칙을 지키지 않는 사람이라는 소리를 듣다니 기가 찰 일이었다.

선교회는 나를 받아들이는 조건을 주변 사람들에게 말하지 말라고 했지만, 나는 이런 사실을 몇몇 친구들에게 편지로 알렸다. 친구들은 즉시 공분하고 내게 동조하는 답장을 보내왔다. 덕분에 억울한 감정이 좀 누그러들었다.

그런데 딱 한 사람 로이 뱅크로프트의 의견은 달랐다. 로이는 아름다운 바리톤 목소리를 지닌 경건한 음대생으로 세인트 찰스 소년원에서 소년들에게 노래를 가르치고 돌보는 일을 도왔다. 그 당시 서로 편지를 주고받을 일이 있어서 어쩌다 내 얘기를 쓰게 되었는데 답장이 온 것이었다. 나는 은근히 기대하는 마음으로 그의 편지를 뜯어 보았다.

'로이 역시 내 편에 서서 공분해 주겠지.'

그러나 나는 깜짝 놀라고 말았다.

"이소벨, 네 얘기를 들으면서 가장 이해되지 않았던 부분은 너의 태도였어. 넌 억울해 하고 화가 난 것 같더라. 하지만 누군가가 내게 '로이, 너는 교만하고 규칙을 잘 지키지 않고 말썽의 소지가 있어'라고 얘기했다면 나는 이렇게 대답했을 것 같아.

'아멘. 친구, 네 말이 맞아. 사실 네가 알고 있는 문제는 빙산의 일각에 불과해.' 어쨌거나 우리 안에 선한 게 뭐가 있겠니? 우리는 이렇게 약한 모습들을 모두 십자가 앞에 내려놓고, 주님이 우리를 위해 그것을 십자가에 못 박아 주시길 간구해야 돼. 그래야 이런 일들에 승리할 수 있어."

로이의 말에 '영혼 깊숙이 찔림을 받으며 정신이 번쩍 났다.' 그는 신실한 친구로서 은혜 가운데 바른 소리 하기를 두려워하지 않았다. 나는 즉시 무릎을 꿇고 주님께 용서를 구했다. 내 안에 이전과 다른 태도가 생기고 나서야 자리에서 일어섰다.

분한 마음을 버리고 내 안에 정말 '교만과 불순종과 반역하는 마음'이라는 사악한 것이 숨어 있는지 살피고 경계하는 마음을 가지기로 했다. 혹여 사람들이 나의 그런 모습을 발견했을 경우 묵과해서는 안 될 일이다. 그런 모습들이 내게 나타나는 것은 아닐까 앞으로 평생 살펴야 한다는 생각에 살짝 위축되기도 했지만 한편으론 평안한 마음도 들었다.

그 후로 나는 우연히 나에 대해 좋지 않은 얘기를 했던 사람이 누구인지 알게 되었고, 그녀가 왜 내게 좋지 않은 감정을 가지게 되었는지 그 이유도 알게 되었다.

간략히 말하자면, 그녀는 내가 예전에 다녔던 학교의 교사였다. 그녀는 내게 학생들을 감시하는 일을 도와달라고 했는데, 쓸데없는 일이라고 생각되어 거절한 적이 있었다. 아마 그것이 그녀에게 불쾌한 기억으로 남은 모양이었다.

그 사실을 알고 난 후 나는 브라운리 씨와 서부위원회에 나의 결백함을 주장하고 싶은 충동을 느꼈다. 그런데 정말 그래야 하는가 생각해 보게 되었다. 한 음성이 들리는 것 같았다.

"아멘. 친구, 네 말이 맞아. 사실 네가 알고 있는 문제는 빙산의 일각에 불과해."

소중한 친구 로이의 말이 맞다. 내가 백합처럼 깨끗하기라도 한 것처럼 선교회에 티를 내려고 하는 건가? 결국 그들은 얼마 지나지 않아 내가 얼마나 세속적인지 직접 알게 될 텐데.

"오 주님!" 나는 작은 소리로 말했다. "이 일을 선교회에 알려서 다시 분란을 일으키지 않겠습니다. 그래도 이렇게 그 사실을 제게 알려 주시니 그 은혜 정말 감사합니다. 이건 주님만이 하실 수 있는 기적 같은 일입니다."

주님은 언제나 긍휼이 많고
눈을 감지 않으시는 분이다.

긍휼이 많다고? 무디성경학교에 있는 동안 그토록 신실하려고 노력했는데도 주님은 나를 이런 먹구름 아래 있게 하셨다. 게다가 오명을 뒤집어쓰고 CIM에 발을 들여놓게 하셨다. 그런데도 긍휼이 많다고?

그렇다. 주님은 내가 중국행 배를 타기 전에 밴쿠버에서 어떤 일을 거쳐야 하는지 미리 아셨다. 만약 모두의 박수를 받으며 성경학교를 마쳤다면 나는 아마 시작하자마자 넘어지고 말았을 것이다. 하나님의 정교한 일을 맡기 전에 나의 자신만만함은 완전히 깨질 필요가 있었고 실제로 그렇게 되었다. 내 삶의 주인이신 하나님은 완전하며 그분처럼 역사하는 이는 아무도 없다. 또한 하나님은 세심하며 긍휼이 많으신 분이다. 나를 깨뜨리기도 하셨지만 그 이유도 보여주셨다. 그리고 졸업식 후 나를 감싸 주었던 주님의 사랑은 내 평생에 축복이 되었다.

우리는 하나님을 찾을 때 비로소 그분이 어떤 분인지 알 수 있다.

나중의 일이지만, 중국으로 가는 문이 다시 열렸을 때 톰슨 씨가 내게 편지 한 장을 보내왔다. 그 내용을 그대로 옮길 수는 없지만 대략 이러했다.

"토론토 위원회에서 자네에게 말하지 않은 게 있었네. 앨리스 교수와 나는 처음부터 어디에선가 실수가 있었다는 것을 느꼈다네. 이 점에 대해 깊이 확신하기 때문에 나는 서부위원회를 모두 소집할 필요 없이 그저 위원들 한 사람 한 사람에게 연락을 해봤는데, 자네를 CIM에 아무 조건 없이 받아들이는 데 만장일치로 동의했음을 알아주기 바라네. 모두들 그렇게 얘기했다네. 우리의 사랑 가득한 기도와 축복이 자네와 함께하기를 기원하네."

    나는 그 짧은 편지를 읽고 머리를 숙인 채 감사의 눈물을 흘렸다. 그렇다. 나의 주인은 완전하신 분이다. 그분은 상처를 주지만 싸매기도 하신다. 길르앗의 향유로 아픔 없이 상처를 치유해 주신다. 그로 인해 상처가 가라앉고 새살이 돋아나며 회복된다. 그분은 우리에게 근심 대신 찬송의 옷을 입히시고 재 대신 화관을 안겨 주신다.

12
밴쿠버 여성 코너클럽

::
주님을 찾을 때 우리는 다른 사람들의 필요를 인식하게 된다.
주님이 우리를 그렇게 만드신다. 그리고 우리를 도구로 사용하여
그들의 삶에 주님 자신을 쏟아 부으신다. 그럴 때 우리는
주님의 동역자가 되어 더욱 풍성한 삶을 살아가게 된다.

아버지와 나는 기차를 타고 토론토에서 밴쿠버까지 동행했다. 밴쿠버 역에는 머레이 오빠가 마중을 나와 있었다. 엄마만 빼고 온 가족이 모이니 이상했다. 더군다나 몇 년 만에 집에 가기 위해 북 밴쿠버까지 배를 타고 건너는 내 모습은 정말 낯설었다.

아버지와 오빠는 12번가에 네 칸 짜리 작은 집을 빌려놓고 있었다. 아빠와 내가 침실을 하나씩 쓰고 오빠는 거실에 간이침

대를 하나 갖다놓고 밤에는 거기서 잤다. 나머지 공간은 주방이었다. 아빠와 내가 각기 쓰는 침실 사이에 욕실이 하나 있었고, 그나마 널찍한 지하실이 따로 있어서 거기에 내 트렁크와 옷가방을 갖다 놓았다.

그 작은 집은 어른 셋이 살기에는 턱없이 좁았다. 그래도 그 집에는 친숙한 물건들이 있었다. 어머니의 피아노, 늘 써오던 응접실 의자, 손때 묻은 책장들에 옛집에 있던 것과 똑같은 벽난로. 집에 돌아와서 기뻤고, 곧 언덕 위의 그 작은 집을 사랑하게 되었다. 현관에서 항구와 버라드 만이 내려다 보였다. 그 너머에는 중국이 있을 테지.

이제 나는 취업을 해야 할 상황이었다. 중국에 들어갈 문이 다시 열릴 때까지 돈을 벌어야 했다. 다시 교편을 잡을까? 그러자면 계약을 해야 하고, 만약 계약 기간이 만료되기 전에 중국 문이 다시 열릴 경우 자유롭게 떠나기 힘들 것 같아 마음이 내키지 않았다. 하나님의 인도하심으로 교편을 내려 놓았는데, 이제 와서 다시 교단으로 돌아가는 것은 아브라함이 갈대아 우르로 다시 돌아가는 것처럼 생각되었다.

어떻게 할까 기도하며 깊이 생각하던 중에 오는 화요일 저녁에 밴쿠버 여성 코너클럽(V.G.C.C.)의 예배 시간에 설교를 해달라는 초청을 받았다. 잘 됐다 싶어 흔쾌히 응했다. 그런 다음 아버지에게 거기가 어떤 곳인지 여쭤 보았다.

"크리스천 직장 여성들이 다른 직장 여성들을 주님께 인도하기 위해 모인 단체란다." 아버지는 대답하셨다.

"네프 부인이 설립한 클럽이야. 네가 십대일 때 밴쿠버에서 열린 대규모 전도 집회에서 일하셨던 분인데 기억 안 나니? 그 집회가 끝난 후 주최 측에서 새 결신자들과 함께 마지막 저녁식사를 했는데, 그때 몇몇 직장 여성들이 한 구석으로 가서 앞으로 어떻게 서로 마음을 모으고 모임을 유지할 수 있을지 의논을 했단다. 그때 클럽을 만들고 매주 모임을 가져서 구원받지 못한 동료들을 데려오기로 했지. '우리가 지금 코너에 모여 앉아 이런 얘기를 하고 있으니 우리의 모임을 코너클럽이라고 부르는 게 어때?' 라고 누군가 농담하듯 한 말이 계기가 되어 지금의 이름을 갖게 되었단다. 네가 그곳에 설교를 하러 간다니 기쁘구나."

다음 주 화요일 저녁, 아버지가 나를 시내에 있는 그 클럽에 데려다 주셨다. 그곳에는 밴쿠버에서 가장 분주한 거리인 그랜빌 가가 내려다 보이는 커다란 라운지와 감독관이 쓰는 작은 사무실과 회원들 모두가 저녁을 함께할 수 있는 커다란 만찬장이 있었다. 화요일 저녁마다 근사한 만찬이 제공되는데 한 사람 당 겨우 15센트만 내면 되었다. 후식으로 언제나 각 교회의 여전도회에서 구워 기부한 맛있는 케이크가 나왔다. 덕분에 만찬을 준비하는 데 많은 비용이 들지 않았다.

저녁 식사 후에 탁자는 뒤로 밀어놓은 후 의자를 집회 형태로 정렬했다. 연단과 피아노를 기다란 홀 끝에 갖다놓고 생기 넘치는 전도 예배를 한 시간가량 이어갔다. 크리스천 직장 여성들이 모임을 이끌었는데 꽤 유쾌한 시간이었다.

일주일도 안 되어 나는 두 번째 전화를 받았다. 밴쿠버 여성 코너클럽의 감독관이 되어 달라고 부탁하는 회장의 전화였다. 의외였다. 나는 감독관 자리가 공석인 줄도 몰랐다.

"사실 이런 부탁을 드리기가 조심스러워요." 회장은 말했다. "사례비를 충분히 드릴 형편이 못 되거든요. 감독관 없이 너무 오랫동안 지내 와서 활동이 좀 부실해졌어요. 우선 한 달에 80달러밖에 드릴 수 없지만 형편이 나아지는 대로 보수를 더 올려 드리고 싶어요. 근무 시간은 그리 부담스럽지 않으실 거예요. 오전 10시 전에 사무실에 나오실 필요는 없으니까요."

감독관이 무슨 일을 하면 되는지 묻자 회장은 대답했다.

"클럽 활동을 이끌고 지도하는 일이에요. 매일 점심때마다 식당에서 차와 커피와 우유를 판매하고 있는데, 직장 여성들이 도시락을 싸가지고 와서 따듯한 음료와 함께 점심을 먹습니다. 선생님은 이 여성들과 교제하면서 이들을 주님께로 이끄시면 됩니다. 매주 화요일 저녁에는 집회를 인도하고 설교를 해야 하고요. 그동안 감독관이 없어서 설교하는 분을 여러 교회에서 초빙해야 했어요. 그래서 그 교회에 신세 진 것을 갚고 싶은데, 결론적으로 말해서 선생님을 초청하는 교회 청년부가 있다면 마다하지 않고 가서 강연을 해주시면 좋겠어요. 그러면 코너클럽 홍보에도 도움이 될 거예요. 그밖엔 선생님이 직접 새로운 활동을 계발하셔도 됩니다. 다만 우리의 목표가 '믿지 않는 직장 여성들'에게 있다는 것만 기억해 주세요."

나는 이 문제를 놓고 기도할 시간을 달라고 부탁했고 언제 대답할지도 얘기했다. 이곳 말고 내게 오라는 곳은 없었다. 기도하는 동안에 주님이 이 초청을 받아들이라고 말씀하시는 것 같았다. 마침내 나는 1926년에서 1928년 사이에 밴쿠버 여성 코너클럽의 감독관이 되었다. 나는 중국으로 가는 문이 다시 열리는 즉시 사직한다는 조건으로 그 자리를 수락했다.

바야흐로 내 인생에서 가장 찬란한 시기로 들어서는 순간이었다. 코너클럽은 여성청년회와 도시의 각 교파와 교회의 대표들로 구성된 부인총회, 그리고 감독관과 사무장에 의해 운영되었다.

사무장은 신앙심 깊은 중년 여성이었는데 모두들 '마더 피치'라고 불렀다. 피치 부인은 선행이라면 팔을 걷어붙이고 나서는 성도들 중 한 명이었다. 학교 교육은 많이 받지 못했지만 성령의 가르침을 받아 하나님께 영광 돌리고 영혼을 구하는 일을 위해 살아왔다. 밴쿠버에서 열린 대규모 전도 집회들치고 피치 부인의 손을 거쳐 가지 않은 게 없었다. 도시선교부들도 부인의 기도와 실질적인 섬김으로 도움을 많이 받았다. 피치 부인은 하나님이 자신을 연단 사역을 위해 훈련시키지 않으셨음을 알기에 음식 준비, 손님 대접, 욕조 닦기 등 어떤 평범한 봉사도 마다하지 않고 겸손하게 받아들였고, 그 일이 주님의 일에 귀하게 쓰이기를 기도했다. 또한 주일마다 교도소에 가서 말씀을 전했고, 주중에는 코너클럽의 주방 일을 도맡아서 했다.

피치 부인은 비록 나보다 나이는 갑절 이상으로 많았지만 나와 통하는 부분이 있었다. 겉보기에는 어색할지 몰라도 우리는 언제나 하나가 되었다.

총회의 임원들은 클럽 회원들이 선출했다. 당시 나는 불과 스물다섯 살이었고, 총회 임원들 대부분이 나보다 나이가 많았지만 함께한 시간은 내게 가장 행복한 추억으로 남아 있다.

늘 생각하는 것이지만, 코너클럽의 여성들은 하나님이 창조하신 가장 아름다운 여성들이다. 그들은 영혼을 구하는 일이라면 물불을 가리지 않았고, 언제나 유쾌한 모임을 가졌다. 경건하게 기도하고 열심히 토론하는 사이사이에 웃음이 넘치고 재미있는 농담들이 오고갔다.

처음 얼마간은 부인총회 사람들을 만나지 않았다. 피치 부인에게 들은 경고가 있었기 때문이다.

"이소벨, 부인총회와는 거리를 두는 게 좋겠어요. 그 사람들은 여성청년회와는 영적인 마음자세가 달라요. 휘둘리지 않으려면 조심하세요. 나는 당신이 영혼 구원 운동을 뜨겁게 이끌기 위해 이곳에 왔다고 생각해요. 그러니 내가 뒤에서 전적으로 도와줄 게요. 당신이 말씀을 전하고 나는 음식을 만들고…. 내가 있어야 할 자리는 내가 알아요.

부인총회 사람들은 아마 당신이 화요 저녁 예배 때 새신자들에게 일어나 결단하라고 촉구하는 일을 하지 못하게 할 거예요. 그밖에 다른 제약들도 있을 거예요. 코너클럽이 그들의 교회에서 지원을 받고 있고, 부인총회가 없어질 경우 지원도 끊기겠지만, 나는 우리가 허드슨 테일러처럼 믿음으로 살았으면 해요. 당신도 분명 그렇죠?

당신이라면 크리스천 직장 여성들의 뜻을 한데 잘 모을 수 있으리라고 생각해요. 그들도 당신이 하나님께서 이끄시는 대로 자유롭게 일하는 것을 간절히 원하니까요."

상황이 복잡 미묘한 데다 나는 어리고 경험이 부족했지만 '뜨거운 영혼 구원 운동'이라는 말에 가슴이 두근거렸다. 허드슨 테일러처럼 무보수로 사역하는 모습이 영웅적으로 보였다. 당시에는 그런 모습이 내게 가장 큰 자극이 되었다. 수년이 흐른 후에야 나는 CIM 정기간행물에 실린 잔잔한 기사 하나를 보고 영웅주의적인 선교가 위험할 수 있다는 경각심을 갖게 되었다. 하나님의 뜻이 꼭 힘들거나 고통스러운 일, 위험한 일에만 있지 않음을 그 기사는 지적하고 있었다.

 작은 예로, 한 선교사가 식사를 하고 있는데 왕진 요청이 왔다고 하자. 선교사는 반쯤 먹던 식사를 뒤로하고 벌떡 일어나 자신을 부르는 곳으로 달려갔다. 그것은 겉으로는 숭고하고 희생적인 행동으로 보일지 모르지만 실제로는 바보 같고 전혀 유익한 일이 아니다. 물론 생사가 오락가락하는 응급상황을 말하는 게 아니다. 그런 응급상황이라면 당연히 신속해야 한다. 나는 지금 일반적인 진료 요청에 대해 말하고 있다. 소식을 가지고 온 사람이 이미 몇 분을 꾸물거렸을 것이고, 간호사가 필요한 응급조치를 적절히 할 때까지 10분을 더 기다린다고 해서 특별히 해가 될 일은 없을 것이다.

 그 기사를 읽으며 나의 모습을 뼈아프게 돌아보았다. 나는 식사시간을 마다할 상황에 놓이지는 않았지만 다른 극단적인 행동들에 대해서는 찔리는 바가 있었다. 사람에 따라 이런 유혹에 좀 더 취약한 이들이 있는데 바로 내가 그랬다. 그래서 젊은 그 시절에 피치 부인의 제안이 가장 고귀한 행동으로 여겨졌던 것이다. 하지만 나는 신중을 기했고, 어떤 급진적인 행동을 하기에 앞서 기도를 많이 해야 할 것 같다고 부인에게 말했다.

 바로 그날 저녁, 부인총회의 대표를 만났던 것 같다. 내게 악수를 청하며 코너클럽에 온 것을 진심으로 환영해준 그녀는 마음이 따뜻한 스코틀랜드 여성이었다. 대표는 이렇게 덧붙였다.

"CIM 후보생 맞죠? 저는 찰스 톰슨 씨 내외와 친한 친구예요. 톰슨 씨가 저더러 당신이 여기서 어떻게 일하는지 잘 지켜보았다가 얘기해 달라고 하셨어요."

부인은 자신의 말에 내가 뜨끔했다는 사실을 알지 못한 채 따듯한 미소를 지어 보였다.

신앙심 깊고 명예와 상식을 존중하는 톰슨 씨가 설마 우리의 비밀을 그녀에게 누설했을 것이라는 생각은 털끝만큼도 하지 않았다. 실제로 부인은 자신의 말이 실제로 어떤 의미를 갖는지 제대로 알지 못한 채 얘기하고 있는 것 같았다. 하지만 나는 이제 감독관 일을 시작하는 단계에서 그녀를 그만두게 할 처지에 있지 않다는 사실을 금세 깨달았다. 좀 더 온건한 방법을 모색해야 했다. 그렇게 주님은 대표의 말을 채찍으로 사용하여 나를 보다 나은 길로 인도하셨다. 나는 피치 부인에게 서두르지 말자고, 무엇보다 기도가 앞서야 할 것 같다고 말했다. 부인은 한숨을 쉬었지만 기도하자는 제안은 마다하지 않았다.

마침내 훗날 부인총회의 대표가 작은 사무실에서 내 앞에 무릎을 꿇고 눈물을 흘리며 하나님께서 나를 코너클럽으로 인도하심을 감사드린다고 고백하는 날이 왔다. 그때 나 역시 뜨거운 눈물을 흘리며 이 귀한 영혼에 상처를 주고 하나님의 목적을 이루는 데 방해될 수 있는 경솔한 행동을 하지 않도록 막아주신 하나님께 감사드렸다.

나는 점차 부인총회의 다른 임원들을 만나면서 이들이 다른 모임의 여성들과 비교해 성격이 상당히 다르기는 하지만 저마다 은사가 많고 합리적이며 단결이 잘 된다는 사실을 발견했다. 그들은 내게 화요 집회 때 결신자들을 앞으로 나오게 하는 일은 하지 않으면 좋겠다고 부탁했다. 직장 여성들이 그런 회개 방식보다는 좀 더 점잖고 품위 있는 분위기를 선호하기 때문이라고 했다. 그럼에도 그들은 회심자가 계속 나오기를 바란다고 했다.

하나님은 고요하게 화요 저녁 예배를 축복하셨다. 그리스도를 따르겠다고 공개적으로 나서서 고백하는 사람은 많지 않았지만 예배에 참석하는 사람들은 점점 늘어갔다. 그 점이 오히려 나를 부담스럽게 했다. 내가 얼마나 예배를 힘들게 인도하는지 아무도 몰랐을 것이다. 무대 공포증이 다시 생길까 봐 혹은 무디성경학교 졸업식 때처럼 머릿속이 하얗게 지워지는 일이 또 다시 일어날까 봐 여간 걱정되지 않았다.

화요일 저녁, 사람들이 찬송가를 꺼내고 기분 좋게 예배를 준비할 때면 나는 욕실로 통하는 복도로 살며시 빠져나왔다. 그곳은 사람들 눈에 띄지 않을 수 있는 유일한 곳이었다. 연단에 오르기가 불안해 벽에 기대어 주님께 얼마나 부르짖었는지 모른다. 그리고 하나님은 나를 한 번도 실망시키지 않으셨다. 연단에 서는 두려움이 심각하게 재발하지 않았고, 점차 주님의 도우심에 의지하면서 설교하기가 편해졌다.

여러 교회에서 초대를 받기도 했다. 목소리가 아름다운 몇몇 여성들로 구성된 사중창단을 만들어 연습을 시켰다. 성경학교에서 배운 게 도움이 되었다. 부인총회의 젊은 임원 중 한 명이 베이스 파트에 적합한 엘토 목소리를 가지고 있어서 중창단에 합류하게 되면서, 사중창단은 여성청년회와 부인총회를 모두 대표하는 모임이 되었다. 그 결과는 성공적이었다. '밀러와 코너클럽 사중창단'은 교파를 초월해 각 교회로부터 초대를 받았고 덕분에 주님을 증거할 수 있는 기회가 늘어났다.

우리는 종종 저녁 도시락을 클럽에 가져와서 초대받은 교회로 떠나기 전에 함께 먹었다. 그럴 때면 휑하던 만찬장에 웃음꽃이 피어났다. 중창단원들 모두가 워낙 재미있는 사람들이었고 직장 일에서 해방되었다는 느낌에 살짝 들떴던 것 같다. 그래도 사역을 하러 떠나기 전에는 주님께 간절히 기도드리는 것을 잊지 않았다.

나는 차츰 크리스천 직장 여성 클럽의 잠재된 능력을 보기 시작했다. 우리는 초교파적이라는 이점을 안고 도시에 있는 여러 교파의 청년부에 조용히 다가가 도전을 줄 수 있었다. 나아가 그 지역의 직장 사회에도 반향을 불러일으켰다. 한 판사가 자신이 데리고 있는 속기사의 삶이 변화된 이유를 알고는 감명 받아 자신도 변화되었다고 한다. 사역에 있어 우리 클럽은 더욱 놀라운 잠재력을 발휘했다. 다른 도시들에도 코너클럽 같은 모임이 있었지만 그들은 단순히 사회봉사 활동에만 치중하는 유혹에 빠지고 말았다.

젊은이들은 에너지를 발산할 필요가 있다는 점을 나는 금세 알아차렸다. 그래서 우리는 토요일 오후에 소풍을 가고, 바닷가에서 옥수수를 구워먹는가 하면, 도보 여행을 떠났다. 겨울에는 장기자랑의 밤을 보내기도 했다. 장기자랑의 밤은 내가 경험한 가장 유쾌한 저녁시간 중 하나였다. 모두들 건전하고 재미있는 장기자랑을 하면서 재치와 숨은 끼를 드러냈다.

나 역시 주최하는 사람의 입장에서 자발적으로 장기자랑에 참석했다. 나는 노처녀 기숙사 사감으로 분장을 하고 앞에 나가 "지금부터 우리 기숙사 학생들이 친척들과 친구들을 위해 재롱잔치를 펼쳐 보이겠습니다"라고 발표했다. 직책상 평소 내게서 반듯한 모습만 보아왔던 대부분의 사람들은 나도 여느 사람들처럼 농담을 즐길 줄 안다는 사실을 알고는 좋아했다. 그날 밤 장기자랑 덕분에 내가 지난 몇 주 동안 잘해 보려고 노력했지만 소용없었던 한 여성과 마음의 벽을 허물 수 있었다. 그 후 얼마 지나지 않아 그녀는 내 사무실에서 주님을 영접했다.

우리 클럽 사람들은 이런 행사를 통해 주님의 사랑 안에서 하나가 되었고, 다른 사람들 또한 우리처럼 주님을 찾게 되길 바랐다. 여기에 비결이 있었다고 나는 생각한다. 단순한 사교 모임은 사람들에게 별 도움이 되지 않는다. 당시엔 즐거울지 몰라도 인생의 문제들에 대해선 아무런 답도 줄 수 없기 때문이다.

사람들이 점심을 먹고 있는 동안에 그들 사이를 다니면서 말을 거는 것이 내게는 가장 어렵게 느껴졌다. 낯선 사람들을 만난다는 것이 껄끄러웠다. 또 예전에 심방하러 다닐 때 모질게 거절당한 경험이 있어 다른 사람의 삶 속으로 밀고 들어가는 데 자신이 없었다. 점심 때 사람들을 개별적으로 만나는 사역은 내게 영 '꽝'이라는 느낌이었다. 은사 있는 전도자라면 틀림없이 수확을 많이 했을 텐데 말이다.

하지만 나는 친구들을 사귀었고 그들의 신임을 얻었다. 친구들이 차츰 내게 말해준 죄와 유혹들은 모두 간담이 서늘해질 만큼 무서운 것들이었고, 우리를 기대치 못한 많은 모험들로 인도했다.

그 중 두 가지 얘기를 해보겠다.

에디스는 영국에서 캐나다로 일하러 온 영민한 아가씨였다. 친척 아주머니 집에 얹혀살던 그녀는 한 청년을 만나 사랑에 빠졌다. 그녀가 다이아몬드 반지를 끼고 우리 클럽에 점심을 먹으러 온 그날부터 직장을 그만두고 우리 모두를 결혼식에 초대한 날까지 우리는 그녀와 기쁨을 함께 나누었다. 그녀는 드레스를 맞추고 혼수를 장만했다. 직장도 그만두었다. 결혼식 날짜를 정했고 청첩장도 모두 돌렸다.

마침내 결혼식 전날 밤, 전화벨이 울렸다. 에디스는 수화기 너머로 낯선 여자의 목소리를 들었다.

"당신이 ○○씨와 며칠 후에 결혼한다는 게 사실인가요?"

"네." 에디스는 두근거리는 가슴을 안고 대답했다.

"무척 유감이지만, 그 남자는 유부남이에요. 나는 그 사람의 부인이고요. 우린 결혼 증서도 있어요."

그 어린 영국 아가씨가 얼마나 놀랐을까? 또 얼마나 수치스러웠을까? 아낌없이 사랑을 주었는데 어떻게 이런 일이 일어났는지 땅을 치고 통곡할 노릇이었다. 엎친 데 덮친 격으로, 친척 아주머니는 "네가 결혼한다고 모두에게 알렸는데 이제 와서 결혼식을 취소해야 한다니 이게 웬말이냐"라고 길길이 화를 내며 조카를 집에서 쫓아내 버렸다. 창피해서 도무지 한 지붕 아래서 살 수 없다는 것이 이유였다.

슬픔과 상처 투성이가 되어 거리로 내쫓긴 에디스는 어디로 가야 한단 말인가? 교회? 교회 사람들은 다들 친척 아주머니와 같은 입장이었기에 같은 반응을 보일 게 뻔했다. 그렇다면 코너클럽. 그녀는 만신창이의 모습으로 코너클럽에 들어왔다. 그리고 피치 부인의 넓은 가슴에 얼굴을 묻었다. 우리는 그녀를 보호하고 사랑했으며 살 곳을 알아봐 주고 주님께로 인도했다.

에디스는 재주가 많은 아가씨였다. 그녀가 어머니가 살고 있는 영국으로 돌아갈 돈을 충분히 마련하기까지 불과 1-2년밖에 걸리지 않았다. 한 영혼과 그의 청춘을 동시에 구한 경우였다.

가장 극적인 경우로 플로시의 일도 얘기하지 않을 수 없다. 어느 날 오후, 누군가 사무실 문을 두드려 열어보니 멋진 차림의 여성이 문 앞에 서 있었다.

"밀러 양인가요?" 그녀는 물었다. "얘기를 좀 나눌 수 있을까요? 저는 여러 번 코너클럽에 가본 적이 있고, 당신이 하고 있는 일에 아주 많이 감탄했습니다. 그런데 제가 운영하는 하숙집에 플로시라는 아가씨가 있는데 도움이 필요합니다. 플로시에 대해 의논을 할 수 있을까요?"

나는 그녀를 거실로 안내했고 이야기를 들었다.

"플로시는 지방에서 올라온 착한 청년이에요. 홀어머니와 살다가 간호사 공부를 하려고 밴쿠버에 왔나 봐요. 예쁘장해서 그런지 젊은 의사들과 데이트를 많이 하는 것 같았어요. 공부는 뒷전이지 않았나 싶어요. 그래서 낙제를 했고 돈 한 푼 없이 병원에서 쫓겨난 신세가 되었어요. 순진한 아가씨가 이 큰 도시의 유혹에 빠지지나 않을지 걱정돼요. 코너클럽에서 어떻게 도와주실 수 없을까요? 플로시에게는 당신이 아주 멋진 분이라고 소개해 놨어요. 뭐… 머리도 길고 치마도 길기는 하지만요."

당시 1927년에는 치맛단이 무릎에 닿지 않을 정도로 짧은 치마가 유행이었다. 나는 옷들을 줄여 입기는 하지만 그래도 치맛단이 무릎은 푹 덮어야 단정한 차림이라고 생각하고 있었다. 머리는 중국 선교사로 갈 것을 대비해 한 번도 자르지 않은 상태였다.

그녀가 내 옷차림을 언급한 것이 좀 어처구니없기는 했지만 그 정도야 사람마다 생각이 다를 수 있다고 넘기며 대답했다.

"분명 플로시를 도울 방법이 있을 거예요. 뭐… 우리가 직업소개소는 아니지만요."

"혹시 설거지 할 사람이 필요하지는 않나요?" 그녀는 물었다. "플로시가 이곳에서 일하게 되면 그녀와 대화를 나눌 기회가 많아지지 않을까요? 그러면 바른 길로 이끌 수 있을 거예요."

"저희 사무장님과 얘기해 볼게요." 나는 대답했다. "전화번호를 두고 가시면 제가 전화 드릴게요. 설거지 할 사람이 필요하기는 하지만 우리는 모두 자원봉사로 일하고 있거든요. 돈 주고 사람을 쓸 만큼 재정이 넉넉하지 않아서요."

물론 피치 부인은 한 청년의 인생을 그리스도의 영향력 아래로 인도하는 일에 열성적이어서 정규 일자리를 찾아주기 전까지 두어 주일 그녀를 코너클럽에 채용하기로 했다. 우리의 만남은 그렇게 시작되었다.

플로시는 명랑한 수다쟁이였다. 부엌에서는 언제나 분주했지만 드디어 단 둘이 사무실에서 얘기할 기회가 왔다. 그녀의 마음과 인생에 주 예수님께서 주시려는 것을 소개하는 시간이었다. 그녀는 눈물을 흘리며 얘기를 들었고 처음부터 끝까지 다 받아들였다. 그녀가 나가자 피치 부인이 결과가 어떻게 되었는지 알아보려고 들어왔다.

"글쎄요." 나는 천천히 대답했다. "만족스럽지는 않아요. 확실히 감격하면서 기도도 따라하려고 하고 그리스도를 구세주로 받아들이려고 했어요. 눈물도 흘리고요. 그런데 플로시가 정말 거듭났는지는 잘 모르겠어요. 무언가가 빠진 것 같아요. 제 말이 무슨 말인지 아시겠어요?"

코너클럽은 직업소개소도, 구호소도 아니지만 일자리가 필요한 경우 회원들에게 적당한 자리를 구한다고 광고할 수 있었다. 플로시가 일할 자리도 구한다고 광고를 냈는데, 얼마 지나지 않아 점심시간에 보이던 헬렌이라는 아가씨가 우리 사무실을 찾아왔다.

"이소벨, 플로시가 더 나은 직장을 찾기 전까지 보수가 적은 곳에서라도 일을 할까 모르겠어요. 저의 어머니가 침대에서 뒤척이지도 못할 만큼 몸이 불편하세요. 제가 직장에 나가 있는 동안 어머니를 보살펴 드릴 사람이 필요한데 전문 간병인을 쓸 형편은 못 되고, 그래도 플로시가 어느 정도 훈련을 받았으니 저희 집에 와서 어머니를 보살펴 주면 좋겠어요. 그러면 저희 집에서 숙식을 제공하고 약간의 용돈을 줄 수 있어요."

플로시에게 그 일을 할지 물어보자 그녀는 그러겠다고 승낙했다. 매일 저녁은 자유시간이니 코너클럽의 화요 예배 때 꼭 오라고 당부하면서 우리는 작별 인사를 했다. 그 후로 코너클럽에 크고 작은 일들이 많이 일어나 우리는 플로시가 어떻게 사는지 따로 시간을 내어 알아보지는 않았다.

여름이 왔고 나는 두 주 동안 휴가를 갈 참이었다. 언제나처럼 퍼스수양회에 가기로 되어 있었다. 그런데 휴가를 떠나기 며칠 전, 헬렌에게 전화가 왔다.

"이소벨, 플로시 소식 들었어요?" 그녀는 물었다.

"아니요, 전혀 듣지 못했어요." 무슨 일인가 싶었다. "얘기해 보세요."

"저기요, 플로시가 지금 병원에 있어요. 우리 집에 있는 동안 이상한 행동과 말을 하기 시작하더니, 한날 저녁에는 아무래도 제정신이 아닌 것 같아서 제가 의사를 불렀어요. 의사는 플로시를 예전에 일했던 병원으로 보냈어요. 그 의사 말이 플로시가 정신이상이라는 거예요. 도무지 믿기지 않아요. 제가 보기엔 아무래도 여기 일을 그만두고 싶어 연극을 하는 것 같아요. 이곳이 그녀에게 너무 적막했던 게죠. 아시겠지만 성격이 워낙 활발한 아가씨잖아요.

어쨌거나 당신이 병원에 가서 플로시를 한번 만나보면 좋겠어요. 당신 말이라면 의사가 들을 것 같아요. 제 말은 귀담아 듣지 않는 것 같아서요. 여기 담당 의사의 이름과 전화번호가 있어요."

아닌 밤중에 홍두깨 같은 소식이었지만 어쨌든 플로시를 찾아가 보기로 약속했다. 헬렌과 통화를 마치자마자 담당 의사에게 전화를 걸었다. 딱딱하고 사무적인 음성이 들려왔다.

"의사 선생님이세요? 저는 밴쿠버 여성 코너클럽의 감독관 이소벨 밀러입니다. 선생님이 플로시를 진료하고 계시다고 들었…"

"네, 그런데요." 그는 말을 가로채며 짧게 대답했다.

"플로시의 상태가 어떤지 걱정이 돼서요. 허락하신다면, 제가 한번 찾아가서 만나보고 싶습니다."

"소용없을 겁니다. 밀러 양." 얼른 대답이 돌아왔다. "당신을 알아보지 못할 테니까요. 아무도 몰라봐요. 제가 그녀를 정신과 병동에 입원시켰습니다. 게다가 사나워져서…."

"저 선생님, 플로시와 함께 있던 친구들은 그녀가 거짓으로 연극을 하고 있는 것 같다고 하던데요."

그러자 의사가 화가 난 듯 말을 가로막았다.

"밀러 양, 저는 오랫동안 정신과 전문의로 일해 왔습니다. 제가 정신이상도 못 알아본다고 얘기하시는 겁니까?"

"아니요, 선생님. 죄송합니다. 하지만 친구들의 염려를 생각해서라도 제가 한번 플로시를 만나볼 수는 없을까요? 제가 소식을 전해 주면 친구들도 상황을 이해할 거예요."

그는 더 이상 못 참겠다는 듯 "끙" 하더니 이렇게 말했다.

"좋습니다. 토요일 오후 2시에 병원으로 오세요. 허가서를 써 놓을 테니." 그러고는 전화를 철커덕 끊었다.

나도 수화기를 내려 놓았다.

그리고 주님께 마음을 올려 드렸다.

"주님, 이제 저도 이 일에 끼게 되었어요! 주님을 새롭게 찾아가는 일입니다. 정신적으로 지나치게 예민해지지 않도록 도와주세요. 그래야 정신이상자를 마주대할 수 있을 것 같아요."

사람들은 대개 특정한 한 가지 일에 대해 몹시 무서워하거나 극도로 싫어하는 게 있다. 아무리 덩치 큰 장정이라도 쥐라면 혼비백산해서 달아나는 사람이 있다. 우리 시대의 한 유명한 학자는 이런 공포증이 곤충에 대해서도 있다고 말한다. 나의 경우 정신병에 대한 공포가 있었다. 그렇다고 내가 뱀이나 쥐를 좋아한다는 말은 아니다. 다만 그런 것이 정신병만큼 공포의 대상으로 여겨지지 않는다는 뜻이다.

나는 기도했다.

"주님, 맥 부인이 목을 매달지는 않았는지 지하실에 내려가 확인해야 했을 때 주님께 용기를 달라고 간구했지만 차마 내려갈 용기가 나지 않았어요. 물론 주님은 맥 부인이 그곳에 없다는 것과 제가 내려가서 확인할 필요가 없다는 것을 아셨기 때문에 그러신 것이겠죠. 하지만 이제야말로 정신병자를 마주대할 수 있는 용기를 허락해 주세요. 토요일 오후, 주님의 능력을 보여주세요."

애초에 토요일 밤에 퍼스수양회로 떠날 예정이어서 짐을 싸놓고 기차를 탈 준비를 해놓았다. 코너클럽에 짐을 놔두고 오후 2시쯤 병원을 찾아가 플로시가 어느 병동에 입원해 있는지 물어보았다. 병실은 지하층에 있었다. 복도 너머에 육중한 문이 가로막혀 있었고, 그 앞에 간호사 두 명이 책상 앞에 앉아 있었다. 문 건너편에서는 누군가가 큰소리로 노래를 부르고 있었다.

간호사들에게 다가가 플로시를 면회할 수 있느냐고 물었다. 간호사들은 서로를 쳐다보았다.

"죄송합니다." 둘 중 좀 더 나이든 간호사가 말했다. "규정에 어긋난 일입니다. 누구든 면회불가입니다."

"하지만 이 시간에 오면 면회를 할 수 있다고 들었는데요."

둘은 다시 서로를 쳐다보았고 좀 더 젊은 간호사가 말했다.

"난폭해서 안 돼요. 지금 이 노래도 플로시 양이 부르고 있는 거예요."

앳된 목소리가 쩌렁쩌렁 울리고 있었다.

"○○ 의사 선생님이 면회허가서를 써놓겠다고 말씀하셨어요."

나는 지지 않고 대꾸했다. 그 말이 신기하게도 통했다.

"그런가요?"

간호사들은 책상 위 서류들을 뒤적거리더니 이렇게 말했다.

"네, 여기 밀러 양의 허가서가 있네요."

"제가 밀러예요."

"좋습니다. 이리 들어오세요."

간호사가 커다란 열쇠꾸러미를 집어 들더니 복도 문을 열고 나를 건너편으로 안내했다. 복도 양쪽으로 작은 방들이 늘어서 있었다. 문들은 모두 잠겨 있었다. 지하에 있는 방들은 지면보다 낮아서 천장 가까이에 철창이 붙어 있었다. 그 철창이 바깥의 지면과 같은 높이였다.

어찌나 가슴이 두근거리는지 어지럽고 속이 다 메스꺼웠다. 하지만 이러니저러니 앞뒤 생각하기도 전에 간호사는 한 방문을 열더니 나를 그 안으로 밀어 넣었다. 등 뒤에서 문 잠그는 소리가 들렸다.

플로시는 문을 등지고 서 있었다. 창살로 막힌 작은 창문을 올려다보며 악을 쓰듯 노래를 부르고 있었다. 뭐라고 형언하기 힘들 정도로 망가진 몰골이었다. 철커덕 하고 문이 잠기는 소리가 들리자, 그녀는 먹이를 향해 덤벼드는 야생동물처럼 내게로 휙 돌아섰다. 하지만 내 얼굴을 보자마자 멈칫 하더니 잠시 동안 넋이 나간 듯 눈을 껌뻑거리다가 입을 열었다.

"밀러 양!"

"그래요, 플로시."

나는 다가가 플로시를 껴안고 그녀에게 입을 맞추었다.

"당신이 아프다는 얘기를 들었어요. 그래서 보러 온 거예요. 우리… 침대에서 얘기해요."

순한 양처럼 플로시는 침대에 누웠고 나는 그 끄트머리에 걸터앉았다. 방에는 철제 침대 말고 앉을 만한 의자가 전혀 없었다. 나는 그녀의 기억을 차분히 주님께로 돌리기 위해 코너클럽에 대해 이야기했다. 뭘 물으면 그녀는 똑 부러지게 대답했고 딱 한 번만 이상한 모습을 보였다. 나는 코너클럽에서 있었던 소소한 일들에 대해 이야기하며 이렇게 말했다.

"피치 부인이 누구인지 기억나죠? 그렇죠?"

"네."

플로시는 얼굴을 베개에 묻으며 말했다. 그리고 고개를 돌리는데 순식간에 교활한 표정이 떠오르는가 싶더니 사라졌다.

"나는 당신을 알아." 그녀가 울부짖듯이 소리쳤다.

나는 등골이 서늘해졌지만 짐짓 아닌 척 하며 계속해서 조용히 이런저런 얘기를 했다. 주님을 의지하라고 말하고, 그녀의 어머니에게 편지를 쓰겠다고 약속했다. 또 휴가를 떠나지만 돌아오는 대로 다시 찾아오겠다고 말했다. 한 15분쯤 머물렀던 것 같다. 그리고 간호사가 얼른 와주기를 바라며 문을 세차게 두드렸다. 한참 있다가 간호사가 왔고 나는 그곳을 떠났다. 플로시는 여전히 침대에 조용히 누워 있었다.

나는 코너클럽으로 돌아와 의사에게 전화를 했다.

"네, 볼 일은 잘 보셨나요?"

"플로시가 저를 즉시 알아보던데요, 의사 선생님. 그리고 제 이름을 불렀어요."

수화기 건너편에서 깜짝 놀란 듯 침묵이 흘렀다. 그러더니 이렇게 말했다.

"글쎄요, 그런 일이 정말…. 밀러 양, 무슨 일이 일어났는지 처음부터 정확하게 말해 주시겠습니까?"

내가 자초지종을 자세히 말하자 그는 말했다.

"언제 또 방문하실 건가요?"

"저는 몇 시간 내로 휴가를 떠날 예정이에요, 선생님. 두 주일 예정으로 가는데 돌아오는 대로 연락드릴게요."

"그러세요!" 그는 진지하게 말했고 우리는 전화를 끊었다.

나는 헬렌이 거짓말을 했을 리 없다고 생각했다. 이유는 모르겠지만, 플로시가 어떤 이유인가로 연극을 하고 있는 것 같다는 그녀의 말에 무게가 갔다.

하지만 그건 나만의 생각이었다. 그 일이 그토록 심각한 것인 줄 알았다면 나는 휴가를 포기하고 플로시에게 갔을 것이다. 하지만 당시에는 그 사실을 알지 못했다. 퍼스수양회에서 돌아와 다시 의사에게 전화를 했더니 그의 말이 플로시가 밴쿠버 외곽의 정신병원으로 이송되었다고 했다. 내가 플로시를 찾아가든 말든 상관없다는 투였다.

"이번엔 당신을 몰라볼 겁니다."

그래도 플로시를 만나도 좋다는 허가서를 내주었다.

그 일이 있은 지 30년이 다 되어가는 지금, 그중에서 20년이 넘도록 악마를 숭배하는 산간 부족과 같이 생활해본 사람으로서 돌이켜 보면, 플로시가 귀신 들린 게 아니었나 하는 생각이 든다. 사탄은 문명국의 현대인들을 현혹하여 '사탄은 하나의 신화일 뿐'이라고 생각하게 만들었다. 그리고 누구도 인지하지 못하는 사이에 파괴를 일삼고 있다.

이렇게 믿는 것은 두 가지 이유에서다. 첫째, 귀신 들린 집에 경건한 크리스천이 단순히 있기만 해도 귀신의 능력이 억제될 수 있음을 알게 되었기 때문이다. 실제로 내가 주님의 능력을 가지고 플로시의 병실에 들어갔을 때 사탄의 힘이 잠시나마 가라앉았던 것이다.

둘째, 누가 묻지도 않았는데 플로시가 나를 안다고 단언할 때 떠올랐던 교활한 표정은 훗날 내가 귀신 들린 한 부족 소녀의 얼굴에서 보았던 것과 똑같았기 때문이다. 그것은 귀신이 쫓겨나기 직전의 모습이었다. 그러나 코너클럽의 감독관이었던 당시, 나는 이런 문제들에 아는 바가 전혀 없었다.

다른 정신병원으로 이송된 플로시를 찾아가 봐야 했다. 또 그런 상황에 놓인다는 것이 겁이 났지만, 예전처럼 이번에도 하나님께서 분명히 도와주실 것이라고 생각했다.

그래서 어느 날 오후, 생전에 갈 일이 있을까 싶었던 유명한 정신병원으로 버스를 타고 갔다.

그곳은 굉장히 규모가 큰 고층 건물이었다. 내가 거대한 입구 가까이에 갔을 때, 베란다의 철창 너머에서 남자 환자들이 나를 향해 소리를 질렀고, 내 몸에 손을 대려고 하는 듯 창살 밖으로 팔을 마구 내뻗었다. 전혀 반갑지 않은 환영이었다!

그 안에선 당직 전문의의 방으로 안내를 받았다. 전문의는 젊은 남자였는데 내가 그의 책상 앞으로 다가가자 이렇게 외쳤다.

"밀러 양?"

이번엔 내가 놀랄 차례였다.

"UBC(브리티시 콜럼비아 대학교) 인문대에 다니던 이소벨 밀러 아닌가요?" 그는 내 손을 잡고 연신 흔들며 말했다.

"네, 맞아요. 그런데 어떻게 아시죠?" 나는 물었다.

그는 웃으며 대답했다.

"나도 거기 재학생이었어요. 당신보다 1-2년 후배입니다. 졸업 후 어떻게 지냈나요?"

나는 잠시 서로의 근황에 대해 얘기를 나누다가 코너클럽의 감독관으로서 플로시에 대해 물었다. 병원에는 분명히 수많은 환자들이 있겠지만 혹시 기억할까 싶어 물어본 것이었다.

"플로시를 혹시 아시나요?"

"아냐고요?" 그는 되물었다. "그녀가 이곳에 온 날 한바탕 난리가 났습니다. 그녀를 붙잡느라 건장한 청년 넷이 달라붙어야 했죠!"

"어떻게 생각하세요? 치료할 수 없는 건가요?"

"아, 아니요." 그는 신중하게 대답했다. "이런 병은 환자가 절제력을 잃어 버리는 증상을 동반하는데, 요즘엔 약만 잘 쓰면 치료 효과를 보는 경우가 많습니다. 플로시라는 분, 말을 굉장히 많이 했죠? 그게 이 병의 첫 번째 신호입니다. 쉴 새 없이 떠들어대지요. 아마 여기서 최소한 2년은 있어야 할 겁니다. 그래도 나중에 재발할 수 있어요."

"우리 클럽에서 돕고 싶습니다. 물론 우리의 기도가 도움이 될 거라고 믿습니다만, 그것 말고 달리 도울 일이 또 있을까요?"

"네, 그녀는 밤늦게까지 잠을 자지 않고 몸을 혹사시키고 있습니다. 고기나 수프처럼 영양가 높은 음식을 먹으면 회복이 빨라질지도 모릅니다. 여기서 나오는 음식도 나쁘지는 않지만 고기 같이 정부 기관에서 제공할 수 없는 것이 있기 때문에 영양을 따로 보충할 필요가 있지요."

나는 할 수 있는 한 최선을 다하겠다고 약속했다. 의사는 플로시가 있는 병동으로 나를 안내해줄 사람에게 전화를 했다.

"면회하기 전에 준비할 게 있으니 잠시 기다려 주세요."

나는 예전처럼 닫힌 문들이 늘어선 복도로 안내되었다. 휴게실이 한쪽에 있었는데, 거기에는 증상이 심하지 않은 환자들이 둥그렇게 앉아 있었다. 어떤 사람은 수를 놓고, 어떤 사람을 책을 읽으며, 어떤 사람은 피아노를 치고 있었다. 담당 간호사는 책상 앞에 앉아 있었다. 나는 닫힌 문 반대편에 놓여 있는 의자에 앉았다. 어떤 젊은 여자가 허공을 걷듯 다가오더니 대담하게도 이렇게 물었다.

"누굴 보러 왔어?"

"플로시요." 나는 좀 놀라며 대답했다.

"아, 나 그 여자 알아. 좋은 여자지."

그녀는 큰소리로 말하더니 금세 책상 앞에 앉아 있는 수간호사를 힐끔힐끔 쳐다보며 손으로 입을 가리고 이렇게 속삭였다.

"그 여자는 나보다 덜 미쳤어."

"플로시에게 초콜릿을 주려고 가져왔는데 좋아할까요?" 나는 화제를 돌려볼 생각으로 물었다.

"그럼요. 여기 음식은 최고인 걸요!"

여자는 이번에도 간호사 쪽을 향해 짐짓 큰소리로 말하고는 금세 손으로 입을 가리고 이렇게 속삭였다.

"아휴, 말도 마. 저 사람들 우릴 굶겨죽일 작정인가 봐. 플로시에게 초콜릿을 많이 갖다 줘!"

여자는 계속해서 간호사에게 들리라는 식으로 큰소리로는 칭찬을 하고 불평은 나에게만 들리도록 입에 손을 갖다 대고 나지막이 말했다. 그녀는 이런 행동을 하는 것으로 병원 사람들 사이에서 유명했다. 잠시 후 간호사가 그녀에게 조용히 다가와 이렇게 명령했다.

"○○ 씨, 이쪽으로 돌아오세요."

"이것 봐. 우린 갇힌 신세라니깐." 여자는 울상을 지으면서도 간호사를 따라갔다.

한참 있다가 한 간호사가 열쇠를 가지고 왔고, 나는 또 다른 간호사를 따라 플로시를 만나려고 문 안으로 들어갔다. 당황스럽게도 간호사는 나를 환자와 단 둘이 있도록 남겨둔 채 밖으로 나간 후 문을 잠갔다.

나는 플로시를 알아보지 못할 뻔 했다. 너무도 말라서 무슨 그림자가 서 있는 것 같았다. 의사가 말한 준비란 것이 그녀를 멍한 상태에 있도록 약을 먹이고, 욕조에서 머리며 몸을 씻기는 것이었나 보다. 그녀는 내 앞에 휘청거리듯 서 있었다. 아직 마르지 않은 머리가 쫙 달라붙어 있어 물에 빠진 생쥐 같았다.

플로시는 나를 제대로 알아보지 못했다. 내 이름을 반복해서 말했지만 통 못 알아듣는 눈치였다. 내가 초콜릿을 내밀자 그것을 얼른 뜯어서 입에 연거푸 밀어 넣었다. 5분이 채 되지 않아 대화 자체가 힘들다는 사실을 알게 되었다. 그녀는 나를 알아보지 못했고, 내가 하는 말도 알아듣지 못했다.

그러다 차츰 약기운이 가시는지 플로시는 갑자기 "나 돌아갈래요"라고 외치더니 자신이 왔던 복도를 비틀거리며 훑기 시작했다.

나는 어디가 플로시의 방인지 몰랐기 때문에 간호사를 부르려고 문을 쾅쾅 두드렸다. 한참 뒤에야 두 간호사 중 한 명이 와서 플로시를 자기 방으로 데려갔다. 플로시는 순순히 따라가는 듯 하다가 갑자기 사납게 간호사를 돌아보며 욕을 하고 저주를 퍼부었다. 플로시의 방을 언뜻 들여다보니 면회 전에 왜 병원 측에서 그녀에게 약을 먹이고 목욕을 시켰는지 알 것 같았다. 그녀는 짐승처럼 살고 있는 게 분명했다.

찢어질 것 같은 가슴을 안고 집으로 돌아왔다. 자주 겪는 일은 아니었지만 주님은 그 일을 감당할 수 있도록 내게 힘을 북돋아 주셨다.

코너클럽에 와서는 내가 본 일을 차마 설명하지 못하고 그저 플로시에게 영양가 높은 음식을 보내라는 의사의 조언만 전해 주었다. 그리고 그녀가 얼마나 쇠약해졌는지 얘기하고 기도를 요청했다. 또한 플로시의 어머니에게 편지를 썼다. 그 결과 동생이 플로시를 만나러 밴쿠버에 와서 그녀를 돌보게 되었다.

가련한 자녀가 회복되기를 바라는 기도가 계속 이어졌고, 회원들과 부인총회의 임원들이 집에서 직접 요리한 닭고기와 수프, 젤리 등의 음식을 날랐다. 그럼에도 우리의 간구와 기대를 뛰어 풍성하게 주어질 주님의 응답에는 미처 준비가 되어 있지 않았다.

뜻밖에도 플로시는 6개월도 안 되어 퇴원을 했다. 치료가 끝난 것이었다. 우리가 매일 간구해 놓고도 막상 주님의 응답을 신속하게 받고 보니 놀라지 않을 수 없었다.

어느 날 나는 낯선 이로부터 전화를 한 통 받았다. 내용은 대강 이러했다.

"밀러 양. 당신은 저를 모르시겠지만 저는 ○○ 부인입니다. 지방에 있는 플로시 어머니의 이웃이죠. 남편과 내가 해안지역을 여행할 참인데 플로시의 어머니가 나더러 돌아오는 길에 플로시를 집에 데려와 달라고 부탁을 하네요. 플로시가 며칠 전에 퇴원한 것은 아시죠? 모르신다고요? 그렇구나… 어쨌든 플로시는 병원을 나왔어요. 지금은 동생과 함께 살고 있지만 떠나기 전에 당신을 만나서 그동안 베풀어 준 도움에 고마움을 전하고 싶어 해요. 오늘 오후에 플로시를 데리고 가도 될까요? 저희는 오늘 저녁에 떠날 거랍니다. 고맙습니다. 그럼 3시에 뵐게요."

나는 회전의자에 털썩 주저앉아 큰 숨을 내쉬었다. 그런 다음 고개를 숙이고 주님께 감사를 올려드렸다.

조금은 떨리는 마음으로 3시가 되기를 기다렸다. 나는 이미 전혀 다른 두 명의 플로시를 만나본 터였다. 이번의 플로시는 어느 쪽을 더 닮아 있을까? 유쾌한 수다쟁이? 약에 취한 짐승? 그녀는 정말 정상으로 돌아왔을까?

세 번째 만난 플로시는 그녀의 본모습을 하고 있었다. 이전과는 확실히 달랐다. 후덕해 보일 정도로 살이 붙었지만 굉장히 수줍어하고 조용해서 '이 사람이 과연 플로시인가?' 하는 생각마저 들었다. 그녀는 내게 진심으로 고마워한 후, 피치 부인에게도 인사하러 주방으로 들어갔다. 그 틈을 이용해 나는 플로시와 함께 온 이웃이라는 부인에게 이렇게 말했다.

"플로시가 조용하네요. 제가 어려워서 그런 걸까요?"

부인은 놀란 듯 눈을 동그랗게 뜨며 말했다.

"오, 아니에요. 플로시는 원래 말수가 적었어요. 항상 조용한 편이었죠. 지금도 평소 그대로인 걸요. 그녀의 어머니가 기뻐하실 겁니다."

그렇게 우리는 작별을 했다. 그런데 이야기는 여기서 끝나지 않는다.

그로부터 9년 후, 나는 중국에 선교사로 가 있다가 안식년을 맞이해 코너클럽에 돌아와 있었다. 그 사이에 결혼을 했고 엄마가 된 터였다. 코너클럽에 돌아왔을 때 회원들이 얼마나 반갑게 맞아 주었는지 모른다! 그런데 오랜 만에 다시 설교하러 연단에 오르기로 되어 있는 화요일 오후에 전화를 한 통 받았다.

"이소벨, 저를 기억하실지 모르겠어요. 저 플로시예요."

나는 깜짝 놀랐다.

"플로시! 밴쿠버에 있는 거예요?"

"네. 저 결혼했는데 알고 계세요? 이소벨, 주님은 정말 좋은 분이세요. 이소벨에게 제 남편을 소개하기 전에 그동안 제가 살아온 얘기를 들려드리고 싶어요. 오늘 둘이서만 저녁 식사를 할 수 있을까요? 그런 다음 화요 저녁예배에 함께 가기로 해요. 남편은 예배 장소로 바로 갈 거예요. 존이라는 다른 남자 분도 예배에 참석한다기에 저도 남편과 함께 예배를 드릴 수 있도록 미리 허락을 받아놨거든요."

플로시의 전화를 받고 나는 얼마나 기뻤는지 모른다. 영적 자녀를 키워보지 않은 사람은 모른다. 불길에 휩싸인 낙인을 보고 얼른 잡아채려다가 그 뜨거운 열기에 손을 움츠려 보지 않은 사람은 모른다!

그날 저녁, 아늑한 한 음식점에서 우리는 다시 한 번 얼굴을 마주보고 앉았다. 플로시는 여전히 다정한 얼굴이었다. 조용한 몸가짐에는 진심 어린 고마움이 묻어났다.

"착한 남편을 만났어요. 예쁜 아이도 둘이나 있고요. 그동안 병은 재발하지 않았어요. 이젠 주님이 제게 그런 병을 허락하지 않으시리라고 확신해요. 이소벨, 저는 아이들을 교회의 울타리 안에서 키우고 싶어요. 남편도 같은 생각이에요. 우리는 함께 크리스천 가정을 가꾸어갈 거예요."

그것은 코너클럽이 거둬들인 많은 수확물 중 하나의 작은 열매에 불과하다. 직장 여성들을 그리스도에게로 인도하는 이 사역은 가능성이 얼마나 무궁무진한지 모른다!

안식년 기간 동안 나는 종종 불편한 질문들을 받는다.

"왜 선교하러 해외에 나가는 거죠? 이곳에서도 할 일이 많잖아요!"

물론 그렇다. 국내에도 많은 크리스천들이 있다. 그런데 그들이 제 할 일을 하고 있는가?

주님을 찾을 때 우리는 다른 사람들의 필요를 인식하게 된다. 주님이 우리를 그렇게 만드신다. 그리고 우리를 도구로 사용하여 그들의 삶에 주님 자신을 쏟아 부으신다. 그럴 때 우리는 주님의 동역자가 되어 더욱 풍성한 삶을 살아가게 된다.

나의 이야기를 계속하겠다. 중국으로 들어가는 문이 다시 열리게 되었기 때문이다.

13
완전한 데로 나아갑시다

::
우리는 계속해서 하나님의 위대함과
소중함을 찾고 탐구하는 길로 나아가야 한다.
하나님은 "너희가 온 마음으로 나를 구하면
나를 찾을 것이요 나를 만나리라"(렘 29:13)고 말씀하셨다.

1928년 봄, 중국내지선교회의 중국 책임자 조지 깁 목사가 밴쿠버에 다니러 왔다. 면접날에 그는 나를 걱정스러운 눈길로 찬찬히 살펴보았다.

"자매님, 지쳐 보이는군요. 그래서 중국에 가실 수 있겠습니까?"

"네. 몸은 건강합니다. 피곤하기는 하지만요."

당시 내가 지친 상태라는 것을 인정하지 않을 수 없었다. 저녁예배를 마치고 가기엔 집이 너무 멀었다. 밤늦은 시간에는 여객선이 자주 다니지 않아서 배를 한번 놓치면 다음 배가 오기까지 오래 기다려야 했다. 그러니 밤 12시가 되어서야 잠자리에 들 때가 많았다. 아무리 늦게 자도 다음날 아침에 경건의 시간을 갖고 자잘한 집안일을 끝내고 집을 나서서 9시 정각에 출발하는 배를 타려면 새벽 6시에는 일어나야 했다.

하지만 무엇보다 감정적인 피곤함이 컸다. 머리로는 어떻게 해야 승리하는지 알고 있었다. 허드슨 테일러가 모든 짐을 주님께 넘겨드렸을 때 어떤 일이 일어났는지 그의 책 「변화된 삶」 Exchanged Life 에서 보지 않았던가! 또 퍼스수양회에서 케직사경회의 가르침을 들었고, 실제로 그 가르침대로 살아가는 이들을 보지 않았던가!

하지만 그것을 내 삶에 실현하는 것은 능력 밖의 일이었다. 나는 남몰래 걱정을 쌓고 있었다. 대책 없이 사업을 벌이는 아버지 때문에 가슴 철렁한 게 한두 번이 아니었다. 얼마나 더 깨져야 그만두실는지…. 어머니가 생전에 남모르게 어떤 어려움을 겪으셨는지 비로소 알 것 같았다. 그동안 우리 집의 살림이 그만큼이나 유지되었던 것은 모두 어머니의 예리한 판단과 조심성 덕분이었다.

코너클럽에서 맡은 사역들을 제대로 해내지 못하는 것은 아닌가 하는 걱정도 있었다. 나는 전도하는 데 소질이 없었다. 젊은이들은 계속해서 주님 안에서 회개하고 다시금 헌신을 다짐하며 성장해 갔지만 나에게는 그런 간증거리가 없었다. 그저 코너클럽에 나오는 영혼들이 나를 통해 구원에 첫 발을 내딛기만 해도 좋을 지경이었다.

오순절파 회원들은 나에게 성령의 세례를 받아야 한다고 주장했다. 그들 중 한 명인 페기는 전도에 은사가 많은데 금발머리에 천사 같은 얼굴을 하고 있었다. 아, 나는 또 다시 다른 사람과 나를 비교하는 유혹에 빠지고 말았다. 페기는 내가 갖지 못한 것을 가지고 있었다.

'정말 방언에서 오는 차이일까?' 마음이 초조했다.

하지만 주님은 나를 세심하게 붙들고 계셨다. 나는 내게 성령의 은사를 받으라고 계속 권면하는 페기와 또 다른 회원인 도로시를 불러서 '성령 충만할 때' 어떤 일이 일어나는지 설명해 보라고 했다. 그들의 이야기를 들어보니 내가 홀로 주님과 함께할 때나 주님의 임재를 느낄 때 체험했던 것과 별반 다를 게 없었다. 나는 방언을 전혀 할 줄 몰랐지만 그들이 체험했다고 주장하는 것들은 내게 낯선 일들이 아니었다. 덕분에 나는 교리적으로 극단에 치우지 않을 수 있다.

늘 생각하는 것인데, 단순히 주님으로부터 오는 '체험'만 구하는 것은 위험한 발상이다. 우리는 체험을 통해 성화가 이루어진다고 생각하기 쉽다.

하지만 그렇지 않다. 주님의 임재 속에서 뜨거움을 느끼고 그분의 신실한 돌보심을 확실히 경험할 때 우리의 삶은 풍요로워지고 기쁨이 더하겠지만, 그렇다고 그런 체험들로 인해 우리가 성화되는 것은 아니다.

나도 이런 사실을 한참 후에야 알게 되었는데, 그렇게 해서 우리가 더 강한 크리스천이 된다거나 다른 사람들보다 더 거룩하게 되는 것은 아니다. 다만, 이런 체험들을 통해서 하나님에 대한 지식이 더 풍성해지고, 슬픔이 끼어들 자리가 없는 기쁨을 얻게 될 수는 있다.

우리가 거룩해질 수 있는 길은 오직 하나, 매일매일 성령님께 자신의 모든 것을 맡기는 것이다. 토저 박사가 말한 바와 같이 "인간의 영적 죄악들, 즉 자기의, 자기연민, 자기 확신, 자기예찬, 자기애, 그리고 비슷한 그 밖의 것들을 내드리는 것이다. 그것들은 오직 성령을 체험하는 가운데 제거될 수 있다. 단순히 가르침을 받는다고 해서 해결되지 않는다. 나병더러 우리 몸에서 나갈 것을 아무리 명령해도 소용없는 것과 같다. 우리가 자유로워지기 위해서는 하나님의 역사가 일어나 죄악들이 제거되어야 한다. 우리는 십자가에 힘입어 우리 속에 있는 그 치명적인 것들을 극복해야 한다. 심판받기 위해 자신의 죄들을 십자가 앞에 내려놓아야 한다."

그럴 때 성령님께서 우리를 위해 이런 죄들을 십자가에 못 박으실 것이다. 그런 다음 우리는 그분의 부활 생명이 결국 우리에게 주어질 것을 알기에 기뻐하며, 그에 따르는 고통을 받아들여야 한다.

그동안 풍성하게 기도 응답을 받았음에도 내 마음은 여전히 근심과 자기연민 그리고 다른 많은 흉한 것들로 가득 차 있었다. 하지만 나는 정확히 알아차리지 못했다.

깁 씨는 실제로 이런 사실들을 꿰뚫어 보았다. 당시 나는 약혼반지를 끼고 있었고, 존 쿤은 이미 중국에 가서 주님께 쓰임을 받고 있었다. 내가 병에라도 걸리면 그 때문에 존이 귀국해야 하는 건 아닌가? 깁 씨는 톰슨 씨와 상의를 하더니 내게 코너 클럽을 사임하고, 1928년 10월에 배를 타기 전 6개월 동안 완전히 쉴 것을 주문했다. 깁 씨는 내가 이렇게 할 수 있도록 선교회의 후원을 받게 조치를 취하겠다고 했다.

그런데 이상하게도 그 일을 빠뜨린 모양이었다. 기다리고 기다렸지만 선교회에서는 아무 소식이 없었다. 그렇다고 내가 먼저 나서서 후원을 요청하고 싶지는 않았다. 허드슨 테일러라면 기도만 하면서 기다렸을 테니까.

어떻게 된 일인지 기억나지는 않지만, 위플 내외가 내 소식을 듣고는 퍼스에 와서 5-6개월 동안 함께 있자고 초대를 해주셨다. 오두막을 청소하고 수양회 준비를 돕는 수고 정도만 하면

된다고, 하지만 우선 한 달 동안은 아침 식사도 침대에서 할 만큼 꼼짝 말고 쉬어야 한다고 했다.

이제껏 나는 아버지의 빚을 갚아야 했기 때문에 돈을 모을 처지가 되지 못했다. 아버지가 또 벌이려는 사업 역시 돈 한 푼 건지지 못할 게 뻔했고 그 생각이 맞았다. 그래서 퍼스에 도착했을 때 내 주머니에는 고작 36달러밖에 없었다. 내게 남은 전 재산이었다.

활달하고 친절한 위플 씨 내외의 초대를 받아, 그분들의 딸 로이스가 당시 공부하고 있던 로스앤젤레스성경학교에서 돌아올 때를 대비해 침실로 개조한 위층의 베란다에서 묵게 되었다는 것이 내게 어떤 의미가 있었는지 아무도 모를 것이다.

그 방의 양쪽은 벽이 완전히 막혀 있지 않고 대신 향내 나는 큰 전나무들이 가림막처럼 벽을 대신하고 있었다. 위플 부인은 낡은 시멘트 포대를 구해서 표백한 다음 그 위에 예쁜 붓꽃 문장을 찍어서 커튼처럼 만든 후에 그것을 벽 대신에 쳐 놓았다. 수양회 기간에는 많은 사람들이 주변을 왔다 갔다 하는 탓에 전나무만으로는 벽 역할이 제대로 되지 않았기 때문이다.

하지만 내가 퍼스에 갔을 때는 향기로운 뾰족 잎들이 촘촘히 자라나 있어 다행이었다. 밤새 푹 자고 일어나면 바쁘게 해야 할 일이 없었고, 새들이 지저귀는 소리가 들려오고 햇살이 초록 잎 사이로 살며시 비쳐 드는 것이 꼭 에덴동산에서 하나님과 함께 사는 기분이었다. 정말 잊을 수 없는 시간이었다.

위플 씨 내외가 '믿음으로 사는' 분들임을 알고 있었지만, 그분들이 재정적으로 바닥이라는 사실은 퍼스에 도착한 첫날에는 전혀 알지 못했다. 나는 다만 주머니에 들어 있는 36달러라도 다 드리고 싶었을 뿐이었다. 잠자리에 들기 전, 나는 그 돈을 위플 부인에게 드리며 말했다.

"이 돈을 받아 주세요. 식비에도 미치지 못하는 돈이지만 이렇게라도 해야 제가 마음이 좀 더 편할 것 같아요."

위플 부인은 얼굴이 약간 붉어지며 돈을 받지 않으려고 했지만 나는 한사코 돈을 내밀었다. 그 후로 그 일에 대해서는 더 생각하지 않았다.

수년 후, 위플 부인에게 내 돈을 받은 것이 그분이 여태껏 겪은 일 중 가장 힘든 일이었다는 얘기를 들었다. 하지만 다음날 아침에 우유 값을 내야 하는데 낼 길이 없는 상황에서 그 돈을 요긴하게 쓰셨다고 한다. 손님으로 온 내게 우유를 주지 않을 수도 없는 일이었을 것이다. 기부금 60달러가 들어오기 전까지 그 돈으로 근근이 생활했고 그 후로는 쪼들리지 않았다고 했다.

위플 씨 내외는 그런 분들이었다. 당장 생활비가 없어도 6개월 동안이나 함께 살자고 주저함 없이 나를 초대한 것이었다. 두말할 것도 없이 하나님께서 그분들을 얼마나 축복하셨는지 모른다.

중국에서 돌아온 그분들은 퍼스의 오두막밖에 남은 게 없음을 알게 되었다. 수중에 돈은 얼마 없고 딸의 방을 만들고 가구를 들여놔야 하는 상황에서 그분들은 손품과 발품을 팔기로 했다. 친척의 다락방에 있던 골동가구들을 얻어와 사포질을 하고 예쁜 초록색으로 다시 페인트칠을 했다. 붓꽃 문양이 찍힌 커튼을 치자 소녀들이 좋아할 만한 앙증맞은 방이 탄생했다. 헌 것들을 활용해 어떻게 새 것으로 만들 수 있는지 그분들로부터 많은 것을 배울 수 있었다!

1928년 그해 여름 수양회는 내가 이제껏 알고 있는 것 중 가장 은혜로운 시간이었다. 웨일스의 아서 해리스 박사가 특별 강사로 초빙되었는데, 주님의 영이 능력으로 우리 가운데 임하셨다. 위플 부인은 수양회에 참석한 청년들이 주님께 헌신을 결단하고 집으로 돌아갈 수 있게 해달라고 기도했다. 예배가 진행되던 어느 날 저녁, 위플 부인은 여자 청년들이 묵고 있는 숙소로 가서 각 침대 곁에 무릎을 꿇고 앉아 그 침대의 주인이 그리스도께 헌신하게 되기를 위해 간절히 기도했다. 두말할 것도 없이 매일 저녁마다 청년들의 결단이 줄을 이었다.

그럼에도 아직 주님께 온전히 헌신을 결단하지 못한 청년들이 몇몇 있었는데, 수양회 마지막 날 저녁에 수양회 간사들이 청년 리더들에게 와서 청년들이 예배드리는 동안 뒤에서 중보기도 해줄 것을 요청했다.

그날 저녁의 기도 예배를 잊을 수 있을까? 주님의 영이 그 옛적 사도들에게 내려왔듯이 그날 우리에게 내려오셨다. 우리는 누가 먼저랄 것도 없이 큰소리로 기도하기 시작했다. 누군가가 내 옆에 있다는 사실조차 의식하지 못했다.

주님의 임재 가운데서 아직 결단하지 못한 영혼들에 대한 큰 부담을 안고 무아지경으로 기도를 드렸다. 문득 정신이 들고 보니 우리 모두가 다함께 큰소리로 기도하고 있었다. 청년 리더들이 중보기도했던 다락방에서는 청년들이 모여 예배를 드리던 야외 강당이 내려다보였다.

우리가 그렇게 기도할 때 끝까지 버티던 사람들이 하나둘씩 헌신을 결단하러 앞으로 나왔다. 당시 내 생각에 소망이 거의 없어 보이던 한 소녀가 지금은 수십 년간 해외 선교지에서 가장 신실한 선교사로 지내오고 있다. 그것이야말로 진정 하나님의 영이 역사하심이었다.

수양회가 끝나고 나서는 밴쿠버에 돌아가 중국으로 떠날 준비를 마쳐야 했다. 선교회에서 보내준다던 후원금은 여전히 감감소식이었지만, 오빠가 경비를 대준 덕분에 집으로 돌아올 수 있었다(당시 아버지를 따라 다녀봐야 별 볼일 없음을 깨달은 머레이 오빠는 구직 준비를 하고 있는 터였다).

하지만 다음 경비는 어떻게 충당해야 할지 막막했다. 설상가

상으로 마조리 해리슨이 여행 도중에 우리 집에 들러 가족들을 만나고 싶다는 편지를 보내왔다. 그러라고 기쁜 마음으로 답신을 보내기는 했지만, 사실 그녀에게 식사 대접을 하기는커녕 마중하러 나갈 차비조차 마련하기 빠듯했다.

그런데 마침 사무실로 오라는 톰슨 씨의 전화를 한 통 받았다. 혹시 약속한 돈을 주려고 하시는 것이 아닌가 하는 기대를 은근히 하며 사무실을 찾아갔다. 역시나 얼마간의 돈이 기다리고 있었다. 그런데 그 돈은 놀랍게도 중국에 있는 나의 사랑 존이 보내준 50달러였다. 아마도 성경학교 시절에 선교를 준비하며 저축했던 돈에서 남긴 은행 잔고였을 것이다. "당신이 이 돈으로 옷이라도 사면 좋겠어요"라고 그는 썼다.

"하지만 꼭 거기에 쓰지 않아도 돼요. 그냥 필요한 데 써요."

나는 그 돈의 일부를 제일 먼저 마조리 양을 대접하는 데 썼다!

그 후로는 경제적인 어려움은 겪지 않았다. 코너클럽의 여성 청년들이 내게 아름다운 옷을 포함해 많은 선물을 마련해 주었고, 거기에는 휴대용 오르간도 있었다. 그 작은 오르간은 훗날 우리가 살원 산에 갈 때마다 가지고 갔고, 오랜 세월 동안 우리 선교사들뿐만 아니라 리수족에게 큰 기쁨을 안겨 주었다.

마침내 중국으로 떠나기 전에 코너클럽에서 마지막으로 메시지를 전할 때가 왔다. 어떤 메시지를 전할지 가르쳐 달라고 기도를 많이 했다. 그 귀한 청년들 중 몇몇은 내가 선교사로 활동하는 내내 중보기도로 사역을 받쳐줄 기도의 용사가 되리라는 것을 당시에는 알 길이 전혀 없었다. 그로부터 28년이 흘렀다. 하나님은 코너클럽의 청년들뿐 아니라 내 마음에도 깊이 새겨질 메시지 하나를 주셨다. 그것은 다름 아니라 히브리서 6장 1-3절의 말씀 "완전한 데로 나아갑시다"였다.

하나님을 찾는 일은 끝이 없다. 우리는 영원하고 측량할 수 없는 하나님을 찾고 만나기 위해 이제 길에 올랐을 뿐이다.

"그리스도교의 초보적 교리를 뒤로하고 성숙한 경지로 나아갑시다. 기초적인 진리에만 언제까지 머물 수는 없습니다… 그럴 수는 없습니다. 하나님께서 허락하신다면 나아갑시다." 필립스 번역본의 말씀이다.

1928년 10월 11일, 드디어 중국으로 가는 배에 올랐다. 동료들 상당수와 동행하게 되었다. 그 중에는 무디성경학교 랜섬 홀 내 옆방에 있던 작은 미국 소녀도 있었다. 엘라 디켄은 잭 그래함과 약혼을 했고, 우리는 중국의 언어학교에서 같은 방에 머물 예정이었다. 아버지는 배가 빅토리아에 도착할 때까지만 나와 함께 승선하는 것을 허락받아 밴쿠버 항구에서 작별의 눈물을 흘리지 않아도 되었다. 정오경에 출발하는 배 시간에 맞춰 코너클럽의 청년들은 점심도 거르고 항구에 몰려들었다.

모인 사람들이 하도 많다보니 지나가던 행인 한 명이 머레이 오빠에게 이렇게 물었다고 한다.

"도대체 누가 떠나는데 이 난리요?"

'이름 없는 한 선교사가 난생 처음으로 선교지에 파송되는 중'이라는 대답은 확실히 예상했던 답은 아니었을 것이다. 그러나 하나님은 당신이 원하시는 이름 없는 자녀들에게 특별한 것을 주실 수 있는 분이다.

마침내 나팔수가 엠프레스 오브 러시아 호의 가장 높은 난간에 올라가 '릴리우오칼라니 여왕'의 아름다운 이별곡, '알로하 오에'를 연주했다. 그것은 사랑하는 두 연인이 헤어짐을 슬퍼하는 이별의 노래다. 그 노래는 열정을 얘기하지만 소망의 확신이 담겨 있지 않다. 떠나는 연인을 잡으려고 손을 힘껏 뻗어 보지만 애통하게도 실패하고 만다는 가사다. 그런데 우리 찬송가 중에 이 멜로디를 사용하는 곡이 있었다.

나는 크리스천으로서 그 멜로디 위에 "마지막 때에도 우리는 결코 헤어지지 않는다"는 가사를 얹어 노래할 수 있다는 사실이 몹시 기뻤다. 나팔 소리가 항구의 소란스러운 공기를 뚫고 울려 퍼지자 사람들은 차츰 조용해졌다.

오늘날과 같은 마지막 때에

이 영광스러운 생각 중에 찾아드는 평안,

곧 놀랍고 지고한 진리,

왕 중 왕이요 주 중 주인 그분 곧 오시리.

곧 오시리. 곧 오시리.

우리는 기쁨으로 그 재림을 반가이 맞이하네.

그때가 아침일지, 밤일지 혹 낮일지 알 수 없어도

그분이 오시리.

그러나 그 전에 복음이 먼저 모든 민족과 나라에 전파되어야 할 것이다. 막 13:10

아직 살아남은 우리는 신실하신 주님을 뵈오리.

우리가 소중히 여기는 이 소망은 헛되지 않네.

그러나 우리는 이 말로 서로를 위로하네.

마지막 음이 하늘 높이 슬프게 퍼져나갔다. 무리 중 믿지 않는 사람들은 그저 귀에 익숙한 멜로디를 따라 "알로하오에"라고 나직이 중얼거렸다. 커다란 닻들이 올라가며 덜거덕 소리를 냈다. 거대한 배가 천천히 선착장으로부터 멀어지면서 연결되어 있던 종이테이프들이 뜯겨나가기 시작했다.

사랑하는 여자 청년들은 감정이 복받치는지 울먹거렸고 한두 명은 기어코 눈물을 보이고 말았다.

"주님," 나는 속삭였다. "저 사람들에게 잊지 못할 말 한 마디를 할 수 있게 해주세요."

소리치면 아직까지는 항구에서 들릴 만한 거리였다. 나는 난간 앞으로 몸을 쑥 내밀고 천천히 소리쳤다.

"완전한 데로 나아갑시다!"

마침 햇살이 비춰서 청년들의 얼굴에 눈물이 흐르는 것을 볼 수 있었다. 그래서 그들이 내 얘기를 알아들었음을 알았다.

그들은 찬성한다는 신호로 손을 흔들었고 엠프레스 오브 러시아 호는 위풍당당하게 뱃머리를 천천히 해협, 푸젯 사운드, 태평양 그리고 중국으로 향했다.

그런데 얘기는 여기서 끝나지 않는다. 아버지는 작별인사를 하고 밴쿠버에 있는 빅토리아 시에서 내리셨다. 아버지가 배에서 내린 후 사무장이 내게 전보를 하나 가져왔다. 전보에는 이렇게 쓰여 있었다.

"우리는 나아갈 겁니다. 코너클럽의 여성들."

감사의 눈물이 마음에 흘렀다.

그리고 28년이 흘렀다. 좋은 시기도 있었지만 기나긴 시험의 기간도 지나와야 했다. 코너클럽은 지금도 여전히 운영되고 있다. 당시의 여성들 대부분은 주님과 계속 동행해 오고 있다. 세계 곳곳에서 그곳 사람들의 축복을 빌어주는 이들도 있다.

그날 항구에 있던 사람들 중 어떤 사람은 자신도 모르는 사이에 주님보다는 내게 더 의지했을지도 모른다. 그래서 버팀목으로 삼던 사람이 없어졌을 때 영적으로 주저앉고 말았다. 그러나 대체로 그들은 그날의 약속을 지켰다.

완전한 데로 나아갑시다!

책을 마무리하면서 부디 이 말만은 기억하기를 당부한다. 우리는 계속해서 하나님의 위대함과 소중함을 찾고 탐구하는 길로 나아가야 한다.

하나님은 누구를 더 좋아하거나 더 싫어하는 게 없으시다. 그저 "너희가 온 마음으로 나를 구하면 나를 찾을 것이요 나를 만나리라"렘 29:13고 말씀하셨다.

마지막 구절을 주의 깊게 보라. 그것이 유일한 조건이기 때문이다. 내면의 성실함과 변치 않는 충성심이 있어야 할 것이다. 그것이 유일한 전제사항이다.

"오직 믿음으로 구하고 조금도 의심하지 말라 의심하는 자는 마치 바람에 밀려 요동하는 바다 물결 같으니 이런 사람은 무엇이든지 주께 얻기를 생각하지 말라 두 마음을 품어 모든 일에 정함이 없는 자로다."약 1:6-8.

그러나 그분은 "자기를 찾는 자들에게 상 주시는 이"^히 11:6 시다. 수잔나 웨슬리는 말했다.

그분은 끝없이 은혜로워서 그분의 한없이 행복한 임재를 생각하기만 해도 기쁨이 일어납니다. 그분에게 다가가는 것과 정비례하여 행복이 커집니다.

그러니 하나님을 찾는 일을 포기할 수 없다. 계속해서 그 길로 나아가자!

1865년 허드슨 테일러가 창설한 중국내지선교회(CIM:China Inland Mission)는 1951년 중국 공산화로 인해 철수하면서 동아시아로 선교지를 확장하고 1964년 명칭을 OMF International로 바꿨다. OMF는 초교파 국제선교단체로 불교, 이슬람, 애니미즘, 샤머니즘 등이 가득한 동아시아에서 각 지역 교회, 복음적인 기독 단체와 연합하여 모든 문화와 종족을 대상으로 예수 그리스도가 구세주이심을 선포하고 있다. 세계 30개국에서 파송된 1,300여 명의 OMF 선교사들이 동아시아 18개국의 신속한 복음화를 위해 사역 중이다.

OMF 사명
동아시아의 신속한 복음화를 통해 하나님을 영화롭게 하는 것이다.

OMF 목표
하나님의 은혜를 통하여 동아시아의 모든 종족 가운데 성경적 토착교회를 설립하고, 자기 종족을 전도하며 타종족의 복음화를 위해 파송되는 것을 목표로 한다.

OMF 사역 중점
우리는 미전도 종족을 찾아간다.
우리는 소외된 사람들에게 관심을 갖는다.
우리는 복음을 전하는 일에 주력한다.
우리는 현지 지역교회와 더불어 일한다.
우리는 국제적인 팀을 이루어 사역한다.

OMF International-Korea
한국본부 (137-828) 서울시 서초구 방배본동 763-32 호언빌딩 2층
전화 02-455-0261, 0271 팩스 02-455-0278
홈페이지 www.omf.or.kr 이메일 omfkr@omf.net